AF316851

100 FATTI INCREDIBILI PER RAGAZZI

UNA RACCOLTA DI FATTI CURIOSI E STRABILIANTI CHE DEVI ASSOLUTAMENTE CONOSCERE!

Brice Brant

Special Art

100 FATTI INCREDIBILI PER RAGAZZI

Una raccolta di fatti curiosi e strabilianti che
devi assolutamente conoscere!
Brice Brant

Hardcover ISBN: 9791255530343
support@specialartbooks.com
www.specialartbooks.com

Sommario

"Più leggi, più cose saprai. Più impari, in più posti andrai"

—Dr. Seuss

Forse conosci l'espressione *sapere è potere*. Ma sapevi che la conoscenza può anche essere divertente? Proprio così! Il mondo è pieno di cose sorprendenti da scoprire! Ti capita mai di guardare il cielo e chiederti perché sia azzurro? O di cosa sono fatte le nuvole? Sapevi che i serpenti dormono con gli occhi aperti? E che la lingua di un camaleonte è lunga quanto il suo corpo? Questo libro è pieno di divertenti curiosità proprio come queste! Una volta terminata la lettura, sarai un esperto di fatti strani, particolari e sorprendenti! Vuoi stupire la tua famiglia e i tuoi amici? Dopo aver letto questo libro potrai raccontare a tutti tante cose affascinanti sugli animali, la scienza, la storia e persino sul corpo umano. Non si smette mai di imparare!

Cominceremo parlando degli animali. Sapevi, ad esempio, che l'orso polare non è bianco, ma inco-

lore? E che gli occhi di uno struzzo sono più grandi del suo cervello? Alcuni dei fatti che scoprirai sono disgustosi, altri ti stupiranno e alcuni ti torneranno anche utili a scuola! Potrai raccontare alla tua classe ciò che hai imparato o persino dire all'insegnante qualcosa che potrebbe non sapere. Poi, parleremo della scienza e della tecnologia, dei pianeti, dello spazio e di come funziona il mondo. Acquisendo queste nuove conoscenze, lascerai di stucco i tuoi amici. Inoltre imparerai a conoscere la storia e le cose che sono successe nel passato. Mi raccomando, non tenere per te tutta questa conoscenza! Assicurati di condividerla così che la tua famiglia, i tuoi insegnanti e i tuoi amici possano conoscere tante cose curiose proprio come te.

Sei pronto a leggere qualcosa che renderà l'apprendimento piacevole e divertente? Lo spero. Con tutte queste informazioni interessanti il tuo cervello si espanderà velocissimamente! Preparati a imparare!

Il regno animale

1. I gorilla ruttano quando sono felici.

Sapevi che i gorilla ruttano? In alcuni paesi, il rutto può essere considerato scortese, ma non è così per i nostri amici della giungla! Per i gorilla, ruttare è un segno di felicità. Quando un gorilla è felice, emette un leggero rumore dallo stomaco e dal petto. Questo può accadere dopo un pasto, alla fine di una lunga giornata, o anche quando si rilassa con la sua famiglia. Lo fa perché è *contento*, ossia soddisfatto e a suo agio. Quindi, se mai andrai allo zoo e sentirai un amico peloso ruttare, sappi che è un gorilla felice!

2. Le stelle marine non hanno cervello né sangue, e non sono nemmeno pesci.

Per essere un pesce, bisogna avere branchie, squame o pinne. Questi standard sono piuttosto alti, giusto? Dopotutto, alcune specie che vivono in acqua non hanno nessuna di queste caratteristiche, come la

nostra stella marina! Sapevi che le stelle marine non sono considerate parte delle specie ittiche? Sebbene nuotino come pesci e vivano in acqua come loro, la loro anatomia, ossia la loro conformazione e struttura, è molto diversa! Una stella marina non ha sangue, né cervello; piuttosto usa l'acqua di mare per pompare i nutrienti attraverso il suo corpo. Ma non pensare che siano stupide solo perché non hanno cervello! La stella marina è una creatura straordinaria e unica che affascina gli scienziati da anni!

3. Ai cervi crescono nuove corna ogni anno.

Potrebbe non sembrare vero, ma le corna di un cervo possono essere piuttosto fragili. Eppure sembrano così forti! Tuttavia, in primavera, i cervi cominciano a perdere i loro *palchi*, proprio come molti altri animali perdono altre parti del corpo: i serpenti compiono una muta della pelle, mentre i cani o i gatti perdono il pelo in determinati momenti dell'anno. Il processo di caduta richiede circa due settimane, poi le corna iniziano a ricrescere molto rapidamente. I palchi dei cervi sono infatti le ossa, note all'uomo, con la crescita più veloce. La prossima

volta che ti trovi in un bosco, cerca le corna che sono cadute a terra. Magari troverai un bel souvenir!

4. Un orso grizzly può mordere così forte da rompere una palla da bowling.

No, in genere un orso non mangia le palle da bowling. Non sembrano neppure così appetibili, no? Non che le abbia mai provate! Nessuno mangia palle da bowling a colazione. Tuttavia, diciamo solo che se un orso grizzly *volesse* mangiare una palla da bowling, potrebbe sicuramente farlo. Ci vorrebbero circa 360 chili di forza per schiacciare una palla da bowling, e un orso grizzly potrebbe farlo in un colpo solo! Sta' lontano da quei denti! Probabilmente non se li lavano nemmeno...

5. I gatti miagolano solo agli umani.

Un gattino può miagolare per attirare l'attenzione della mamma, ma abbandona quell'abitudine una volta raggiunta l'età adulta. I gatti adulti non comunicano con gli altri gatti miagolando. Piuttosto si

esprimono attraverso i movimenti del corpo e l'o-dore, non il suono. Tuttavia, quando comunicano con gli esseri umani, si comportano in modo abbastanza diverso. Quando un gatto miagola, è come se parlasse una seconda lingua fatta apposta per te! Gli scienziati hanno anche teorizzato che i gatti miagolano in alcuni modi per manipolare i loro proprietari. Ad esempio, se il tuo gatto ha fame, miagola in modo triste per richiamare la tua attenzione. O se vuole una coccola, lo fa in modo dolce per farsi fare i grattini. I gatti sanno sicuramente come raggiungere il loro obiettivo! La prossima volta che un gatto miagola, cerca di capire cosa sta dicendo! Potresti portare avanti una bella conversazione.

6. I cani non vedono solo in bianco e nero.

Hai mai sentito dire che i cani possono vedere solo in bianco e nero? Molte persone pensano che sia così, ma gli scienziati hanno dimostrato che questa teoria è sbagliata. La verità è che i cani non possono percepire i colori rosso o verde, ma vedono il giallo, il bianco, il blu e il marrone. Quindi, se indossi una maglietta rossa, al tuo cane sembrerà marrone: ecco perché non dovresti mai chiedere consigli su

come vestirti a un cane! I nostri amici a quattro zampe vedono solo quei colori specifici perché l'anatomia dei loro bulbi oculari è diversa dalla nostra. "Visione dicromatica", si chiama. La loro vista è di solito un po' sfocata e i colori non sono vivaci come li vediamo noi. Per esempio, un pappagallo rosso apparirebbe solo marrone-verde al tuo cane. Questo dà loro una prospettiva unica del mondo!

7. I polli sono i parenti più prossimi al T-Rex.

I film ci hanno dato un'idea sbagliata dei T-Rex. Si pensa, infatti, che non assomiglino affatto agli animali verdi simili a lucertole che vediamo in TV. In realtà, erano molto più simili ai polli! Gli scienziati lo sanno perché una volta hanno trovato un fossile di T-Rex con i tessuti molli ancora intatti. Hanno eseguito un test del DNA su quel tessuto e hanno scoperto che il parente vivente più vicino del T-Rex è... il pollo. Si crede che il T-Rex avesse le stesse zampe, lo stesso collo e persino piume simili. Riesci a immaginare un pollo gigante che cammina, terrorizzando la popolazione? Quello era il T-Rex. Mhh, sarà difficile ora vedere *Jurassic Park* allo stesso modo...

8. Alcuni uccelli riconoscono i volti umani.

Vuoi fare amicizia con un uccello? Gli scienziati hanno dimostrato che è possibile farlo poiché gli uccelli sono in grado di riconoscere tratti specifici negli esseri umani, come la loro forma del viso o il fisico. Uno studio dimostra che i piccioni sono in grado di distinguere tra una cosa sconosciuta e una cosa familiare, privilegiando quella familiare. Anche gazze, corvi e uccellini hanno dimostrato di avere questa capacità. Gli uccelli sono super intelligenti! Alcuni sono persino in grado di fare regali a un essere umano, rendendo evidente che lo considerano un amico. Quindi, ci sono ovvi vantaggi nel fare amicizia con un corvo o una cornacchia. Perché non provarci?

9. I serpenti dormono con gli occhi aperti.

Come si può dormire con gli occhi aperti? Sembra impossibile, vero? E invece i serpenti lo fanno. Non chiudono gli occhi come facciamo noi perché non riescono proprio a farlo! I serpenti non hanno palpebre, ma piuttosto un sottile strato di squame che protegge loro gli occhi. Anche la loro vista è scarsa.

Immagina di guardare la TV su uno schermo sfocato e statico: è proprio così che i serpenti vedono. Forse dovrebbero portare gli occhiali...

10. Alcuni insetti possono scoreggiare.

I campioni in questo ambito tra gli insetti sono le termiti, nonostante abbiano dei deretani piccolissimi. Proprio come capita agli esseri umani, anche nell'intestino degli insetti passano dei gas, prodotti da batteri nel loro intestino, che poi vengono espulsi sotto forma di scoreggia. Sfortunatamente, è quasi impossibile sentire l'odore di una scoreggia di insetto date le dimensioni. Ma forse è meglio così! Gli insetti producono un gas chiamato metano, proprio come le mucche e altri animali al pascolo. Il metano è usato come combustibile ed è una parte naturale dell'atmosfera terrestre.

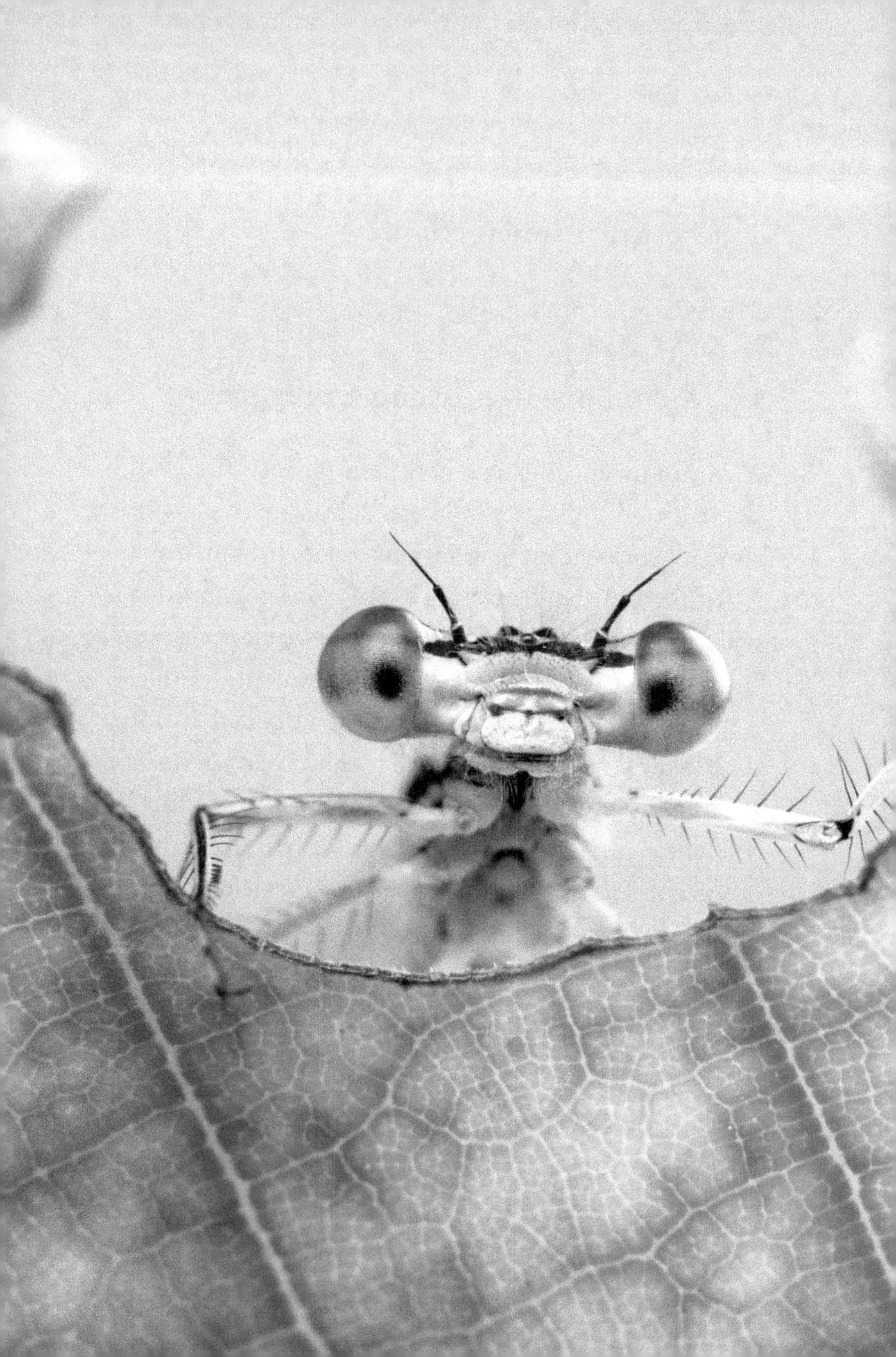

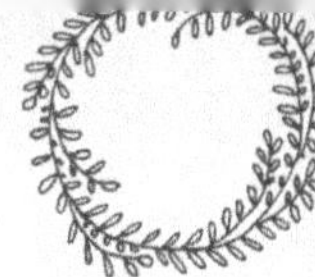

La Natura e il nostro pianeta

1. Un fulmine è cinque volte più caldo del sole.

Sapevi che esiste qualcosa di più caldo del sole? Il calore di un fulmine arriva a circa 30.000° C, decisamente più caldo se paragonato ai 5500 °C del sole. I fulmini possono anche causare incendi quando cadono! Sono così caldi perché l'aria è un cattivo conduttore di calore, quindi diventa molto calda quando l'elettricità l'attraversa e diffonde questo calore sotto forma di fulmini. Quindi, rimani in casa quando c'è un temporale, o potresti beccarti una saetta!

2. Gli arcobaleni possono formarsi anche di notte.

Gli arcobaleni sono dovuti semplicemente alla luce solare riflessa sulle particelle d'acqua presenti nell'aria. Ecco perché di solito appaiono dopo

la pioggia, perché la luce del sole splende sull'umidità residua nell'aria. Quindi, come può formarsi un arcobaleno di notte quando non c'è il sole? Incredibilmente, questo fatto è possibile! Esiste, infatti, un fenomeno chiamato arcobaleno lunare. Invece di essere dovuto alla rifrazione e riflessione della luce del sole da parte dell'umidità nell'atmosfera, è dovuto a quella riflessa dalla superficie della luna. Gli arcobaleni lunari sono molto più leggeri e più deboli dei loro corrispondenti diurni, ma tieni gli occhi aperti la prossima volta che piove di notte! Potresti vedere qualcosa di incredibile.

3. Puoi usare una pigna per prevedere il tempo.

Sapevi che le pigne sono i meteorologi della natura? La loro particolare struttura esterna, che protegge i semi, varia a seconda delle condizioni atmosferiche. Quando l'aria è secca, la speciale conformazione della pigna si apre per far uscire i semi. E quando l'aria è umida, si chiude per trattenere i semi.

Quindi, se vedi una pigna aperta, sappi che non pioverà quel giorno! Ma se la vedi ben chiusa, aspettati un bell'acquazzone.

4. Le nuvole appaiono bianche perché riflettono il sole.

Sapevi che la luce del sole è bianca? Quando passa attraverso le goccioline d'acqua nella nuvola, la luce bianca viene dispersa dai loro riflessi nel cielo, facendo apparire le nuvole bianche quando in realtà sono trasparenti.

5. Le angurie sono bacche.

Tutti amiamo la frutta dolce e succosa! Le angurie, poi, sono un meraviglioso spuntino estivo. Ma lo sapevi che questo frutto è in realtà una variante di una bacca? Le bacche sono definite come un tipo di frutto che proviene da fiori con ovario singolo, che

è la parte riproduttiva del fiore. Alcuni frutti, come le fragole e le more, provengono da fiori con più ovari. Quindi, tecnicamente, la mora non è una bacca, mentre l'anguria sì! Questi termini, a volte, possono davvero confonderci!

6. Alcune piante sono carnivore.

Essere carnivori significa mangiare carne. Di solito, le piante in realtà non mangiano nulla. Piuttosto, usano la luce del sole per convertire l'acqua e l'aria in zucchero che le sostiene nella loro crescita. Ma alcune piante amano gli spuntini, come la *pianta del cobra* o la famosa *venere acchiappamosche*. Ci sono circa 630 specie di piante carnivore conosciute dall'uomo. Alcune delle più grandi possono digerire rettili e piccoli mammiferi, mentre altre mangiano pesci e insetti. Queste piante utilizzano un sacco di modi diversi per attirare le loro prede, come odori dolci o colori brillanti. Quindi, la prossima volta che prendi un fiore, assicurati prima che non voglia mangiarti!

7. Gli ananas impiegano due anni a crescere.

Gli ananas sono in realtà prodotti da circa 200 fiori, quindi ogni piccolo pezzo di ananas era una volta un fiore. E questo processo da solo può durare almeno sei mesi. La pianta di ananas stessa produce un singolo frutto che impiega dai due ai tre anni per crescere, e poi muore! Ciò significa che devi essere molto paziente per avere anche solo un ananas! Pensi di poter aspettare così tanto per un frutto?

8. L'unico frutto con semi all'esterno è la fragola.

Quei minuscoli puntini che vedi sulla superficie di una fragola sono, in effetti, i suoi semi! Si ritiene che le fragole si siano evolute con i semi all'esterno in modo così che uccelli e altri animali li possano diffondere più facilmente. E, come abbiamo appreso prima, le fragole non sono in realtà bacche, e questo è dovuto al modo in cui crescono. Di nuovo, è un po' complicato, ma almeno hanno un sapore delizioso!

9. La plastica impiega in media 450 anni per decomporsi. Il vetro 4.000.

Le materie plastiche sono fatte di un materiale chiamato polietilene tereftalato (prova a dirlo tre volte di fila!) che rende la maggior parte dei contenitori e delle bottiglie quasi indistruttibili. Se questo è un bene quando ci cade qualcosa in cucina, non lo è affatto per l'ambiente. A causa della natura della plastica, tutte le cose che buttiamo via impiegheranno circa 450 anni per decomporsi nel terreno. I batteri nel suolo di solito trasformano ciò che trovano in nutrienti utili per la terra; sfortunatamente, ai batteri non piace il sapore della plastica, quindi si rifiuteranno di mangiarla! Lo stesso vale per il vetro, che impiega circa 4.000 anni per decomporsi. Riciclare è molto importante per non riempire la Terra di rifiuti!

10. Il 97% dell'acqua del pianeta è salata e non utilizzabile. Il 2% è congelata. Questo ci lascia con solo l'1% di acqua utilizzabile.

Si potrebbe pensare che l'acqua sia una risorsa illimitata; tuttavia, solo l'1% dell'acqua della Terra è potabile. Questo perché la maggior parte è acqua salata, e se bevuta provoca in realtà disidratazione! Aspetta un attimo: acqua che causa disidratazione? Ebbene sì! I nostri reni possono elaborare solo acqua poco salata e se bevi acqua come quella dell'oceano o del mare, stai ingerendo un sacco di sale che deve essere espulso dal corpo. Per farlo dovrai urinare più acqua di quanta ne hai bevuta, cosa che ti renderà ancora più assetato, portandoti alla disidratazione. Le fonti di acqua dolce includono l'acqua sotterranea, ossia quella che si forma all'interno della terra; il deflusso delle acque di superficie, che proviene da corsi d'acqua, fiumi e laghi; e, infine, la neve. È interessante pensare da dove viene l'acqua! Attenzione però: il fatto che solo l'1% dell'acqua del mondo sia disponibile non significa che dovresti smettere di bere. Rimani idratato!

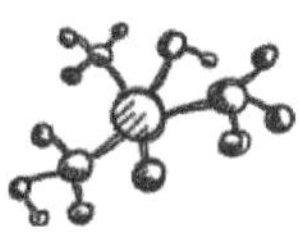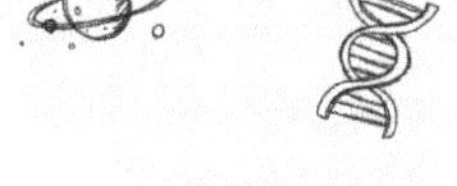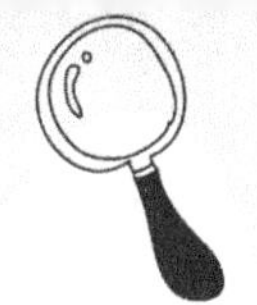

Scienza e tecnologia

1. L'acqua si congela più velocemente quando è calda.

Questo fatto sembra piuttosto strano, vero? Come può l'acqua calda congelarsi più rapidamente di quella fredda? Alcuni dicono che si tratta di un mito, ma è qualcosa chiamato "effetto Mpemba". Esistono diverse variabili che determinano quando questo accade e ciò ha causato il dibattito tra gli scienziati. Tuttavia, questo fenomeno è stato individuato in diversi casi in natura. Prova tu stesso e guarda cosa accade!

2. I pomodori hanno più geni degli umani.

Un gene è il vettore di informazioni che determina i tuoi tratti, come gli occhi blu o i capelli castani ereditati dai tuoi genitori. Sorprendentemente, un pomodoro ha migliaia di geni in più rispetto

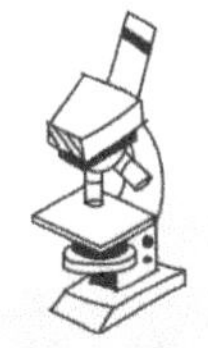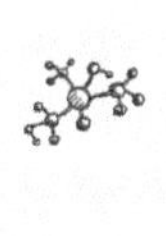

agli esseri umani, 7.000 per l'esattezza. In realtà, il genoma del pomodoro, ossia l'insieme completo di geni o materiale genetico presente nei suoi cromosomi, è più vicino a quello di una patata. I pomodori sembrano un frutto piuttosto complicato... O sono verdure? Che ne pensi?

3. Puoi accendere un fuoco scoreggiando.

Le scoregge sono solo aria che viaggia lungo il nostro esofago e nel sistema digestivo per essere infine espulso dall'ano. Si tratta di aria mescolata a gas, alcuni dei quali infiammabili. Questi gas infiammabili – idrogeno, ossigeno e metano – quando si uniscono all'ossigeno, se messi vicini a una fiamma, possono facilmente infiammarsi anche a basse temperature. Tuttavia, ne servirebbero molte per creare un lanciafiamme, quindi non farti strane idee.

4. L'ossigeno non è incolore.

L'ossigeno può in realtà avere molte diverse tonalità di colore. In circostanze normali, lo vedrai incolore, ma quando assume una forma diversa, cambia anche colore. L'ossigeno liquido si presenta in una tonalità di blu pallido perché assorbe la luce sullo spettro rosso che conferisce alla sostanza il colore complementare al rosso: il blu appunto.

5. I televisori ricevono e poi visualizzano sequenze di immagini che si muovono così velocemente che appaiono come un movimento fluido all'occhio umano.

La televisione è un'invenzione meravigliosa. Ti piace guardare il tuo programma televisivo preferito dopo una lunga giornata a scuola? In questo caso, ti sei mai chiesto come funziona la tua televisione? Un televisore è solo una scatola che riceve le immagini a una velocità tale da sembrare che si muovano in modo fluido. Disegna qualcosa su pagine diverse di un blocco, poi sfogliale rapidamente: il disegno comincerà a muoversi. Questo è

praticamente quello che succede quando guardi il tuo programma TV preferito!

6. Nel 1495, Leonardo da Vinci abbozzò i progetti per un robot umanoide.

Nel Quattrocento, Leonardo da Vinci creò un robot dalle sembianze umane con un'armatura. All'interno dell'armatura erano elaborati sistemi di pulegge costituiti da cavi, ruote e ingranaggi. Poteva sedersi, sdraiarsi, stare in piedi e muovere la faccia. Ogni movimento avveniva a ritmo di tamburo. Sebbene oggi possiamo vedere robot umanoidi molto più avanzati, all'epoca un'accozzaglia di metallo in movimento era una cosa sorprendente per chiunque lo vedeva!

7. Il robot più grande del mondo pesa 11 tonnellate.

Il suo nome è Tradinno ed è un gigantesco robot drago che cammina e che è stato usato per uno spettacolo teatrale in Germania. Pesa 11 tonnellate ed è alto circa 15 metri. Tradinno può sprigionare

fiamme fino a una distanza di 1,5 metri, quindi non avvicinarti troppo! È come un drago reale per quanto è grande; ha le ali e la pelle verde e tutto il resto!

8. I diamanti sono la sostanza più dura in natura.

La cosa più dura al mondo non è il metallo, il ferro o il legno. In realtà, è qualcosa di molto meno comune e molto più scintillante: il diamante! Alcuni sostengono che i diamanti siano i migliori amici di una donna, ma possono essere utilizzati anche negli strumenti di costruzione e ricerca scientifica. Questo scintillante minerale ha moltissime utilità in quanto è quasi indistruttibile. Perché non vai a cercare diamanti la prossima volta che esci? Potresti guadagnare un milione di euro.

9. L'acido gastrico può sciogliere le lamette.

Nello stomaco è presente un acido abbastanza forte da sciogliere il metallo! Questi acidi hanno livelli di pH così alti da dissolvere anche l'osso e sono simili all'acido delle batterie, che può dissolvere l'acciaio stesso. Tuttavia, non andare in giro a mangiare lamette o altri oggetti metallici perché possono fare molto male.

10. Il suono viaggia più velocemente nell'acqua.

Il suono viaggia più velocemente nell'acqua perché le molecole sono più dense. Il suono rimbalza sulle molecole e viaggia a una velocità maggiore. Tuttavia, è necessaria più energia per creare il suono nell'acqua.

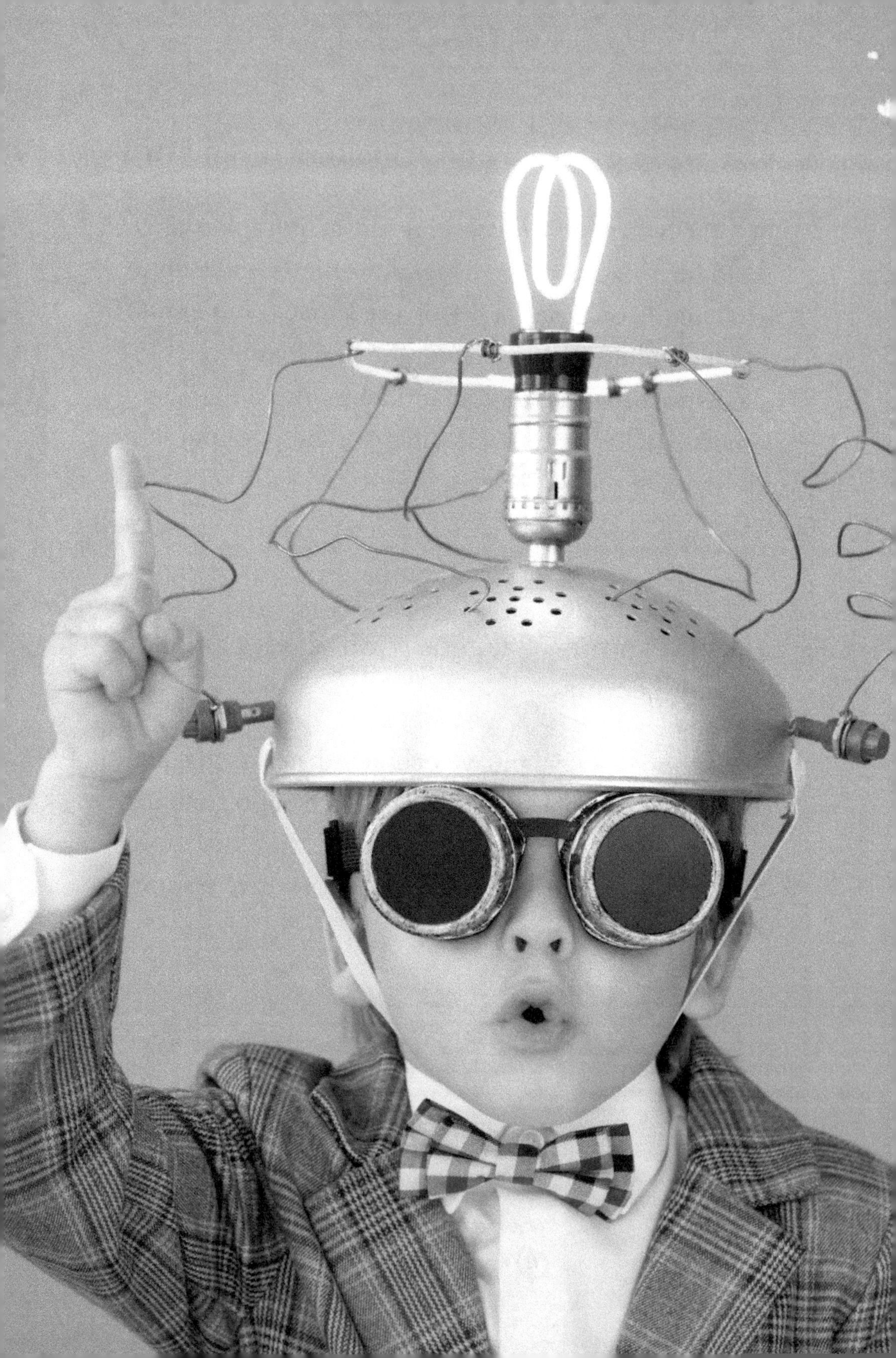

1. Nel 2022 è stato creato un robot umanoide.

Hai mai desiderato fare amicizia con un robot? Ora puoi! La tecnologia è così avanzata che puoi parlare con un robot umanoide, o simile all'uomo! Un'azienda chiamata Engineered Arts ha creato un robot di nome Ameca. È di colore grigio e i fili nel suo corpo sono tutti visibili. Ameca ha le sue opinioni, la capacità di parlare e portare avanti una conversazione, e può muoversi proprio come un umano. È il prodotto di quindici anni di duro lavoro della Engineered Arts, quindi è un po' costoso. Puoi comprare Ameca a circa 133.000 dollari, ma se non hai tutti questi soldi, puoi sempre affittarla per una festa o un evento! È stata creata per comunicare con gli umani, quindi conversare con Ameca è sempre interessante. Forse, in futuro, avremo cani robot, insegnanti robot e persino babysitter robot. Chi può saperlo? Un giorno potremmo anche non vedere la differenza tra un robot e un umano!

2. La Nintendo all'inizio non era una società di videogiochi.

Ti piace giocare ai videogiochi? In tal caso, probabilmente conoscerai le console Nintendo. Ma lo sapevi che la società Nintendo esiste da molto tempo? Sì, dal 1889! Ma, naturalmente, nel 1889 non c'erano videogiochi, quindi il proprietario della società Fusajiro Yamauchi realizzava giochi di carte e giocattoli dipinti a mano. Immagina quanto sarebbe scioccato il creatore della Nintendo se vedesse i videogiochi che la sua azienda sta creando ora!

3. Il governo americano ha utilizzato la PlayStation 3 per costruire un supercomputer.

Nel 2010, la United States Airforce ha utilizzato 1.760 ps3 per creare un grande supercomputer chiamato Condor Cluster. Questo computer utilizza 1/10 dell'energia di un normale supercomputer, rendendolo molto migliore per l'ambiente e molto più economico da costruire! Ma è enorme e collegato da otto chilometri di fili. Il tuo computer di casa appparirebbe molto piccolo rispetto al Condor Cluster. È stato creato per elaborare immagini da droni di sorveglianza ed era un tempo il 35° supercomputer più veloce del mondo. Potresti provare a casa, ma dovresti comprare un sacco di PlayStation per farlo, ciò significa che dovrai mettere da parte la tua paghetta per anni!

4. La prima parola ad essere stata corretta automaticamente è stata "teh".

Riesci a indovinare cosa significa "teh"? Molte persone che parlano inglese scrivono quella parola per sbaglio al posto di "the", l'articolo "il". Un programmatore di computer Microsoft negli anni '90 realizzò un programma pensato per sostituire la parola specifica "teh" con "the". Su quei vecchi computer, premendo contemporaneamente la freccia sinistra e F3 sulla tastiera "teh" veniva corretto, ma esclusivamente quella parola e nessun altro errore di ortografia. A quanto pare, era così comune scrivere "teh" invece di "the" che qualcuno ha dovuto

costruire un programma solo per risolvere quel problema! Capita a tutti di fare degli errori ortografici.

5. Ogni mese vengono rilasciati oltre 6.000 virus informatici.

Sono davvero molti! I virus informatici sono molto simili a quelli umani, come quando ti prendi un'influenza. Sapevi che anche il tuo computer può ammalarsi? Potrebbe prendersi su internet una di quelle brutte cose chiamate virus, un software in grado di prendere il controllo del tuo dispositivo e di farlo agire in modo strano. A volte, influenzano interi server web come Google. Nel 2004, quello che è stato considerato il peggior virus della storia attaccò attraverso le loro e-mail i computer di un gruppo di persone e causò un *crash* di Google rendendolo inutilizzabile. La cosa spaventosa è che quel virus circola ancora oggi. Quindi fai attenzione a dove vai su internet! Non vorrai mica che il tuo computer si prenda l'influenza!

6. Il primo virus informatico in assoluto è stato creato negli anni '70.

S'i chiamava Creeper e venne effettivamente realizzato come esperimento da parte di alcuni esperti informatici che volevano testare le loro capacità. Creeper è ciò che viene chiamato un "worm", il che significa che si clona da solo e si diffonde facilmente da un computer all'altro. Negli anni '70, quando fu creato per la prima volta, comparve sullo schermo della vittima e disse: "Sono io il viscido, prendimi se ci riesci!". Davvero inquietante!

7. Fino al 2010, i piccioni viaggiatori erano più veloci di Internet in alcune parti del mondo.

In Sudafrica, un piccione viaggiatore di nome Winston volò trasportando una piccola scheda di memoria USB. Partecipava a una gara di circa 95 chilometri. E chi era l'avversario di Winston? Internet! Riesci a indovinare chi vinse? Winston, ovviamente, dal momento che riuscì a consegnare la scheda di memoria USB a destinazione molto più rapidamente di quanto il fornitore di servizi Internet potesse caricare le informazioni sulla chiavetta. L'uccello fu più veloce di internet! La competizione venne organizzata per dimostrare a un'azienda che forniva Internet quanto fosse lento il suo servizio. La vittoria del piccione dimostrò la tesi senza appello. Speriamo che sia servito a migliorare la connessione!

8. La maggior parte del traffico Internet non proviene da veri esseri umani.

Internet è un posto enorme. Puoi visitare tanti siti web divertenti e differenti oppure usarlo per comunicare con i tuoi amici o la famiglia. Ma sai che più della metà degli utenti su Internet non sono persone? Il 20% del traffico Internet proviene da motori di ricerca come Google o Bing, mentre un altro 31% proviene da bot, spam, spie o software di hacking. Fai sempre attenzione quando parli con qualcuno su Internet: potrebbe essere un robot!

9. I chirurghi che sono cresciuti giocando ai videogiochi commettono meno errori e sono più veloci durante le operazioni.

S'e vuoi diventare un dottore, ho buone notizie per te! I medici che giocano o hanno giocato a videogiochi e che eseguono interventi di chirurgia laparoscopica – un tipo di chirurgia in cui si utilizzano minuscole telecamere e strumenti controllati da un joystick – commettono meno errori e sono più veloci durante l'intervento. Questo perché coloro che giocano regolarmente ai videogiochi hanno una migliore coordinazione occhio-mano, e riflessi più pronti. In pratica, hanno tempi di reazione più brevi e possono controllare pulsanti e joystick molto più facilmente. Non farti dire da nessuno che giocare ai videogiochi è tempo sprecato: potresti allenarti bene per studiare e diventare un medico in futuro!

10. Il logo di Firefox non è una volpe, come suggerisce la parola inglese "fox".

Che browser web usi? Ce ne sono un sacco tra cui scegliere, come Chrome, Internet Explorer o Firefox. Se utilizzi Firefox, allora conoscerai il suo grazioso logo con il piccolo animale rannicchiato sotto la coda. Potresti pensare che si tratti di una volpe, giusto? Eppure, l'animale nel logo Firefox non è una volpe! In realtà è un tenero panda rosso, che si trova in Oriente. I panda rossi assomigliano ai procioni e a volte sono chiamati "firefox", da qui il nome del browser web. Eppure, il panda rosso non è un procione né una volpe, né tantomeno un panda! È una specie unica chiamata Ailuridae. Ma "firefox" suona meglio, giusto?

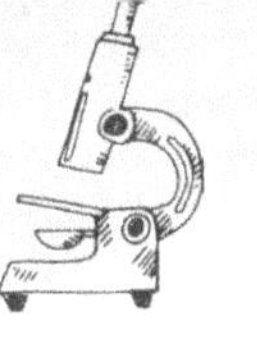

Record

1. Il cane più piccolo del mondo.

Nel 2011 nacque il cane più piccolo del mondo. Si chiamava Miracle Milly ed era un piccolo chihuahua alto solo 10 centimetri. Era lungo all'incirca quanto una banconota da cinque euro e poteva facilmente entrare in una tazza da tè! Milly pesava meno di 500 grammi e poteva tranquillamente stare sul palmo di una mano come una bambolina. Pare anche che le piacesse tirare fuori la lingua per fare le foto. Il nome Miracle Milly, che richiama un miracolo, è molto adatto per un cagnolino del genere.

2. La pianta più puzzolente del mondo.

Fiore cadavere, si chiama così la pianta più puzzolente al mondo e fiorisce solo una volta ogni sette-dieci anni. È enorme: possiede la più grande infiorescenza non ramificata del mondo vegetale! E, come avrai capito, non ha un buon odore. Pare che

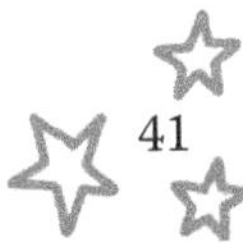

puzzi di formaggio scaduto, piedi e aglio. Fortunatamente, è originario dell'Indonesia, quindi non preoccuparti di trovartelo in giardino!

3. Le unghie più lunghe del mondo.

Diana Armstrong è la donna con le unghie più lunghe al mondo. Ha impiegato 25 anni per farsele crescere fino a ben 13 metri! Sfortunatamente, questo record nasce da una storia tragica. Diana aveva una figlia a cui piaceva mettersi lo smalto. Una notte la ragazza morì nel sonno per un attacco d'asma. Per onorare la sua memoria, la madre decise di non tagliarsi più le unghie: facendolo le sarebbe sembrato di tagliare via un ricordo felice della figlia. Le sue unghie sono cresciute così tanto da arrivare a toccare il pavimento! Mettersi lo smalto richiede alla donna diversi giorni, da 15 a 20 smalti e un utensile per la lavorazione del legno. Dice che non potrebbe mai tagliarsi le unghie ora; si impegna a mantenerle lunghe e a battere il record mondiale.

4. La pizza più grande del mondo.

Questo è il fatto più goloso che ti presento. La pizza più grande del mondo si chiama Ottavia, è senza glutine, ha un diametro di oltre 40 metri e pesa circa 23.250 kg! Ci sono volute ben 48 ore di cottura. Dubito di poter mettere una fetta di Ottavia nel mio forno! Ottavia è stata fatta per sensibilizzare l'opinione pubblica sulla celiachia e sui benefici della dieta senza glutine. Pensi che Ottavia sia buona quanto una normale pizza?

5. La vasca da bagno più veloce del mondo.

In genere, le vasche da bagno non si muovono e non hanno nemmeno le ruote. Ma lo sapevi che c'è un record mondiale per la vasca da bagno più veloce del mondo? In Svizzera un uomo ha attaccato la sua vasca da bagno al telaio di un go-kart e ha usato un piccolo motore per viaggiare in pista a 190 km orari. La vasca era completa di soffione doccia e persino di una piccola spugna. Sarebbe rilassante fare un bagno ai 190 km orari, non credi?

6. I baffi più lunghi del mondo.

Un uomo di nome Ram Singh ha iniziato a farsi crescere i baffi nel 1970 e ora detiene il record per i baffi più lunghi al mondo: circa 5,5 metri! Quando cammina li trascina per terra e passa ogni giorno diverse ore a pulirseli. Questo sì che è impegno!

7. Il cappello più alto del mondo.

È un cappello grigio alto 4,8 metri con piume e un proprietario eccentrico, ed è molto, molto grande. A causa delle sue dimensioni, per vederlo tutto devi guardare all'insù! Il suo realizzatore si chiama Odilon Ozare e crea cappelli per lavoro. Trasse l'ispirazione per fare il cappello più alto del mondo dopo averne creato uno molto alto per una bambola. Dopo diversi tentativi, riuscì finalmente a realizzarne uno che non cadesse dalla testa ad ogni passo. Immagina le cose interessanti che potresti nascondere sotto quel cappello!

8. Il gatto più peloso del mondo.

Si chiama Sophie Smith ed è una felina molto regale con un pelo lungo circa 25 centimetri. Occhio alle palle di pelo più grandi che tu abbia mai visto: questa micetta ha la pelliccia più lunga di qualsiasi altro gatto al mondo. È di colore marrone e nero, con begli occhi verdi e artigli affilati.

9. Il naso più lungo del mondo.

L'uomo con il naso più lungo del mondo si chiama Mehmet Özyürek. Il suo naso è lungo quasi dieci centimetri e rende la sua faccia difficile da dimenticare. Chissà se sente anche gli odori meglio di chiunque altro?

10. L'uomo più alto di sempre.

L'uomo più alto del mondo era alto più di due metri e mezzo, ed era apparentemente molto gentile, il che era confortante considerata la stazza! Si chiamava Robert Wadlow ed era nato nel 1918 da due genitori di altezza normale. All'età di cinque anni, indossava già abiti per adolescenti. Inoltre, aveva le mani e i piedi più grandi mai visti! Trovare vestiti e scarpe doveva essere davvero difficile per lui!

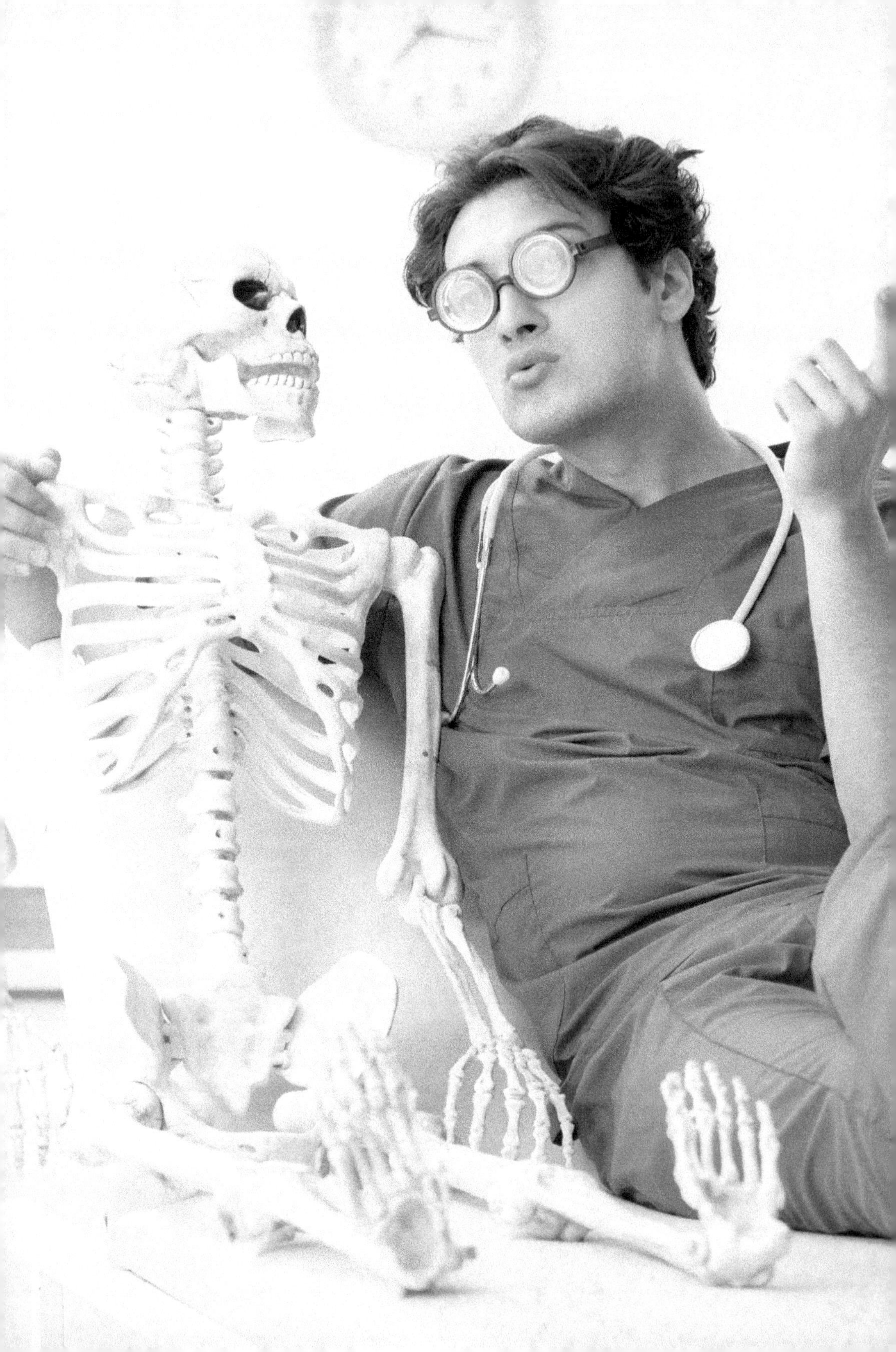

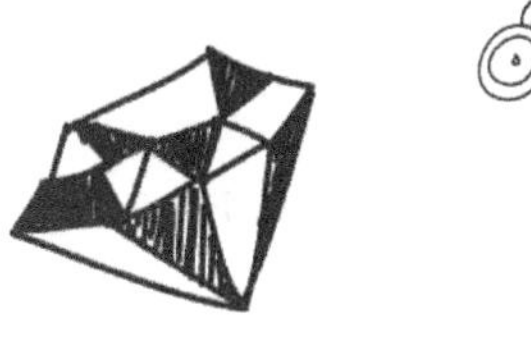 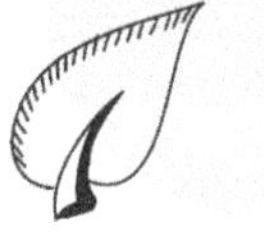 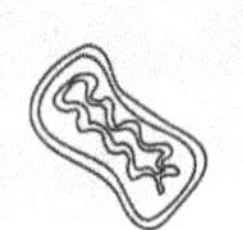 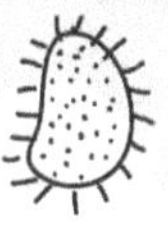 

Il corpo umano

1. Il naso può riconoscere mille miliardi di odori.

Sapevi di avere un superpotere? È proprio sulla tua faccia! Il naso è uno strumento straordinario che utilizziamo ogni giorno per una varietà di cose. I buoni odori possono farti venire fame, quelli cattivi possono farti disgustare e quelli nuovi possono incuriosirti. Usiamo il naso per rintracciare le cose, avvertire il pericolo e farci venire l'appetito. Ma quanti odori sapresti nominare? Il numero di odori nel mondo è vasto e il nostro naso può sentirne migliaia di miliardi di tipi diversi. Lo sapevi che ce n'erano così tanti? Ebbene sì, hai il potere di distinguere tra mille miliardi di profumi differenti. Prova ad uscire e ad annusare fiori diversi, nota le differenze tra un tipo e l'altro e prova a descrivere l'odore di ognuno.

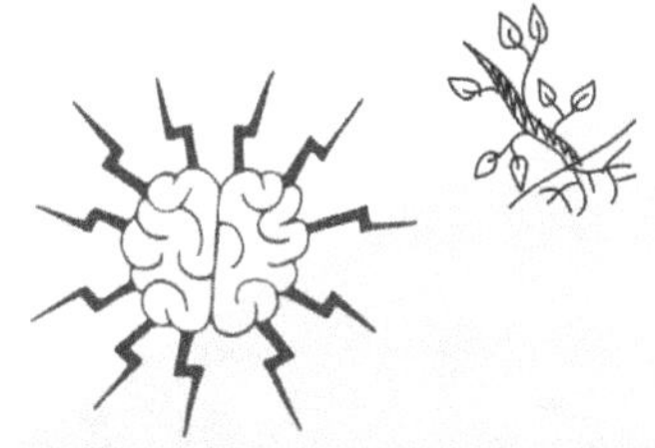

2. Il cerume è un tipo di sudore.

Il cerume è una sostanza misteriosa e ambigua; ci sono molte cose che potresti non sapere a riguardo! Quella roba giallastra nel tuo orecchio è in realtà una miscela di secrezioni di ghiandole sudoripare e cellule morte. La pelle all'interno dell'orecchio è molto sottile e delicata e il cerume la protegge dal rischio di infezioni coprendola come uno scudo. Se sei una persona che suda facilmente, il cerume è molto probabilmente più morbido e umido. Se non sudi molto, potrebbe essere secco e fragile. Abbiamo bisogno di cerume per proteggere e pulire l'interno dell'orecchio, quindi non eliminarne troppo! Se devi pulirti le orecchie, fallo molto delicatamente o chiedi aiuto ai tuoi genitori.

3. I denti di un essere umano possono essere forti come i denti di uno squalo.

Sembra difficile da credere. Gli squali hanno denti così grandi e affilati che è difficile immaginare che abbiano qualcosa in comune con quelli degli

esseri umani. Abbiamo meno denti e non così grandi. Tuttavia, il dente di uno squalo ha la stessa forza di quello di un essere umano! Ci sono solo alcune piccole differenze nella composizione, ma la forza è uguale. Anche gli squali perdono i denti proprio come noi e alcuni scienziati affermano che ne possono perdere fino a circa 35.000 durante la loro vita. Sono davvero tanti! Per loro fortuna, gli squali non hanno la carie come noi, quindi non ci sono squali dentisti nell'oceano. Alcune specie sono molto fortunate...

4. Se non fosse per la saliva, non saresti in grado di sentire il sapore del cibo.

Spesso, ignoriamo l'importante ruolo della saliva: senza di essa, infatti, non saresti in grado di deglutire, digerire il cibo o mantenere protetti i denti. E, soprattutto, non sentiresti il sapore degli alimenti! Quando mangi, il cibo deve dissolversi con la saliva prima che le papille gustative sulla lingua possano reagire e identificare il sapore, e inviare poi segnali al cervello per comunicare il gusto del cibo che stai consumando. Curiosità: se conservassi la tua saliva

per un anno intero, potresti riempirci una vasca da bagno! Ma non farlo, sarebbe un po' disgustoso e poi ti serve per la cena di stasera!

5. Il polmone sinistro è più piccolo del polmone destro.

Molte parti del corpo hanno le stesse dimensioni, come i bulbi oculari o le narici, ma non i polmoni! Il polmone sinistro è infatti leggermente più piccolo del destro perché il cuore si trova sul lato sinistro e il corpo crea automaticamente uno spazio extra per il cuore. Ciò significa che il polmone sinistro si è spostato per fare spazio al cuore, un po' come capita su una panchina affollata. Non è fantastico il funzionamento del nostro corpo? Tantissime cose interessanti stanno accadendo dentro di te anche in questo momento!

6. Il DNA nel corpo di una persona, se "srotolato", può estendersi da Plutone al Sole e oltre.

Hai mai visto una foto del DNA? È tutto "arrotolato" come una molla o una scala a chiocciola. È così che appare nel nostro corpo. Prova a immaginare quelle minuscole molle che fluttuano dentro di te in questo momento. Ora, immagina di allungarle. Diventeranno più lunghe, giusto? Se prendessi ogni singolo pezzo di DNA del tuo corpo e lo srotolassi, la linea diventerebbe così lunga da arrivare allo spazio, oltre la luna e fino a Plutone. In realtà, sarebbe in grado di raggiungere Plutone e ritornare indietro 17 volte! Un bel po' di DNA, e questo solo nel tuo corpo. Per la precisione, dentro di te ci sono approssimativamente 37.000 miliardi di cellule e tutte contengono circa 5 centimetri di DNA se si potesse srotolare. Pensa, una scala a chiocciola per lo spazio!

7. Solo il 2% degli umani ha gli occhi verdi.

Hai gli occhi verdi? Se è così, hai una mutazione! Può sembrare spaventoso, ma, in realtà, è un tratto molto raro e bello. Solo circa il 2% delle persone nel mondo ha occhi naturalmente verdi. La mutazione è causata da una mancanza di melanina, che è una sostanza nel corpo che produce colore. Tuttavia, gli occhi verdi sono privi di colore. Possono sembrare di una bella tonalità menta o smeraldo, ma in realtà non hanno alcun pigmento o tinta. Le persone con gli occhi verdi sono in realtà nate con occhi marroni o azzurri e hanno impiegato circa tre anni per sviluppare quella bella tonalità di verde. Tra tutti, il verde è il colore più raro al mondo per gli occhi umani!

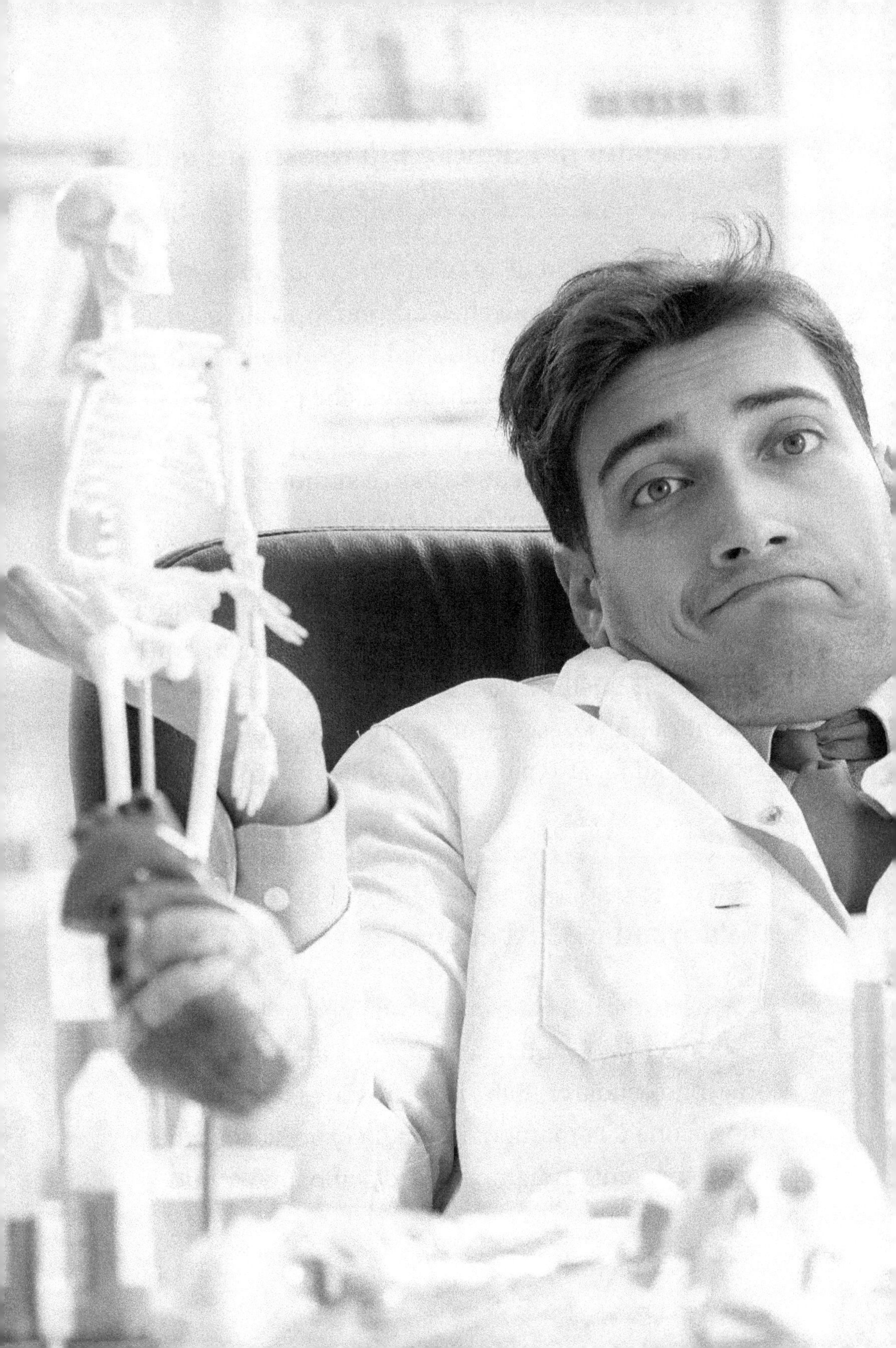

8. Lo smalto dei denti è più resistente delle ossa.

Lo smalto dentale è uno strato di minerali e sostanze chimiche che coprono lo strato esterno dei denti, agendo come uno scudo che protegge i denti dagli acidi e da qualsiasi altra cosa che potrebbe danneggiarli. Lo smalto è in realtà la parte più resistente del tuo corpo! Le uniche sostanze al mondo più resistenti dello smalto dei denti sono i diamanti. La resistenza dello smalto è da imputare alle proteine che lo compongono: questi filamenti proteici sono simili alle ossa, ma sono migliaia di volte più lunghi e più resistenti di quelli nelle ossa. Tuttavia, se si rompe, un dente non ricrescerà né guarirà da solo come un osso, quindi fai attenzione a quel che mordi!

9. Puoi sudare sott'acqua.

Questo fatto può causare una certa confusione. Se sei sott'acqua, sei bagnato, giusto? Quindi, come puoi sudare? Beh, la risposta è semplice. La sudorazione è la maniera in cui il corpo si raffredda, motivo per cui sudiamo quando abbiamo caldo o

lavoriamo sodo. La sudorazione sott'acqua si verifica soprattutto negli atleti che nuotano molto velocemente e intensamente, anche se l'acqua è fredda. A causa dello sforzo, iniziano a sudare! Quindi, la prossima volta che sei in piscina, fai un po' di vasche e potresti cominciare anche tu a sudare sott'acqua!

10. I bambini nascono con circa 300 ossa.

In genere gli esseri umani hanno circa 206 ossa, ma, quando nascono, i bambini ne hanno circa 300! Te lo immagini? Quasi 100 in più di quelle che hai ora tu in un corpicino minuscolo! Hanno così tante ossa perché il loro corpo è costituito da una cosa chiamata cartilagine, che è un tessuto connettivo che protegge le ossa dallo sfregamento reciproco e dà struttura ad alcune parti del corpo come il naso o le orecchie. Man mano che il bambino cresce, questa cartilagine si fonde insieme come un giocattolo per creare lo scheletro adulto maturo. Non è un po' inquietante? I bambini hanno così tante ossa, ma sono così piccoli!

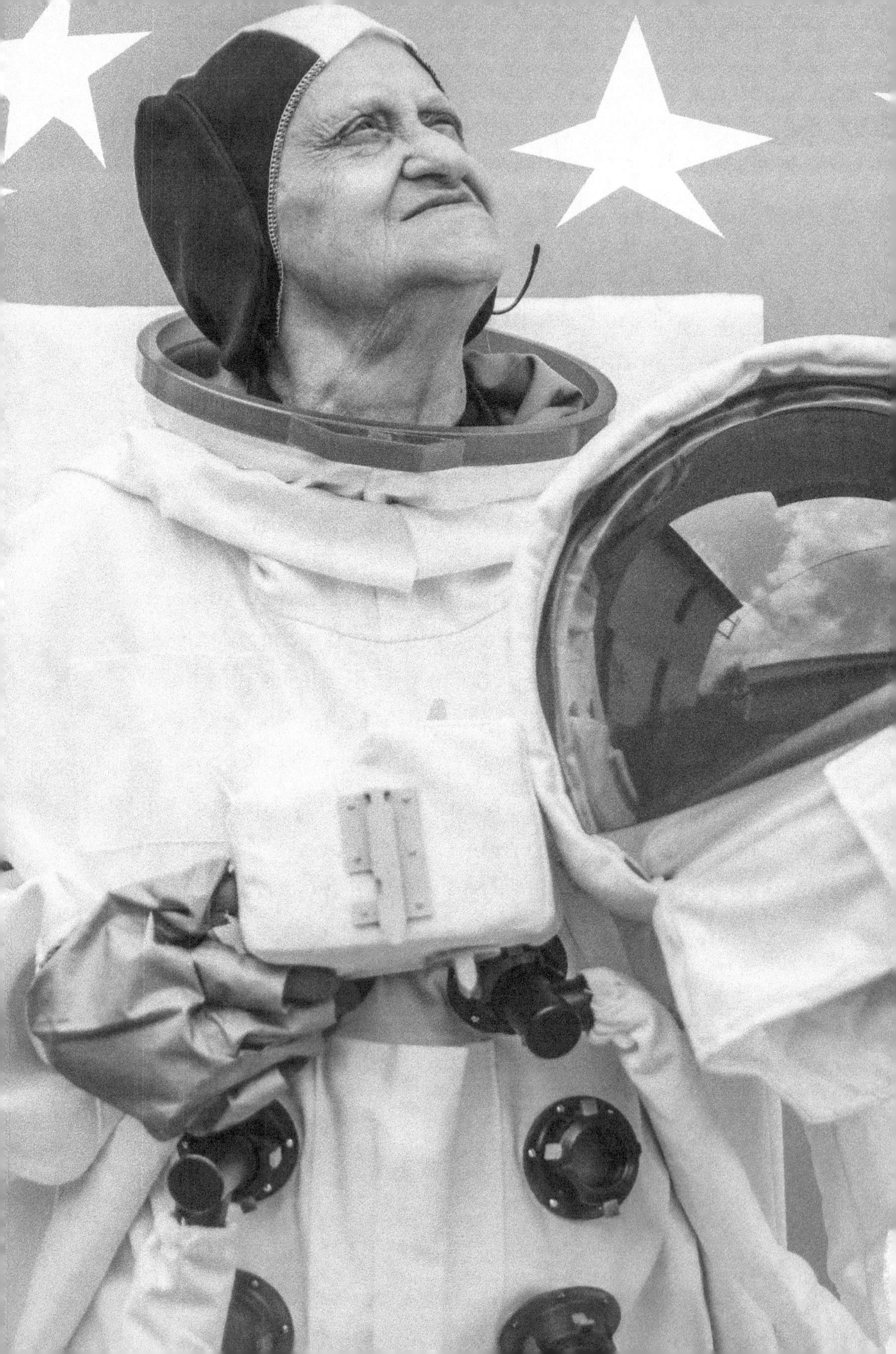

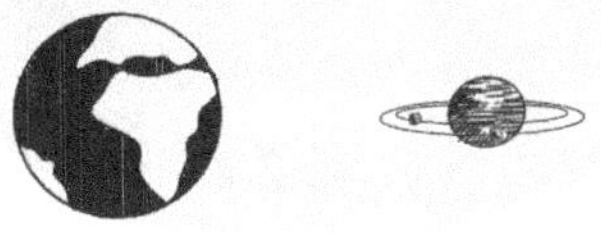

Spazio e pianeti

1. Il tramonto su Marte è blu.

Pensiamo tutti a Marte come al pianeta rosso, quindi perché il suo tramonto è blu? Il suo cielo è rosso, il suolo è rosso e l'intero pianeta appare rosso da un telescopio, ma è vero che al tramonto e all'alba, il cielo ha una sfumatura blu diversa da qualsiasi cosa che vediamo sulla Terra. L'aspetto blu è dovuto alla polvere presente nel cielo che riflette i colori blu in prossimità del sole. Così, mentre il cielo di solito è rosso o marrone, quando il sole si trova ad un certo angolo, tutto diventa blu. Forse un giorno riusciremo a vederlo di persona!

2. Le prime creature ad andare nello Spazio sono state i moscerini della frutta.

Gli animali sono sempre stati utilizzati nell'addestramento spaziale. Prima di usare le scimmie per testare i suoi razzi, l'uomo ha usato una creatura

molto più piccola che tutti conosciamo e odiamo: i moscerini della frutta. Nel 1947, un piccolo gruppo di moscerini della frutta furono lanciati nello spazio in quanto si pensava avessero un patrimonio genetico simile a quello umano. Si voleva verificare se un moscerino della frutta potesse sopravvivere nello spazio prima di inviare un essere umano, così gli scienziati hanno osservato e atteso il loro ritorno sicuro. Alla fine, il razzo tornò sulla Terra con i moscerini illesi, indicando che sarebbe stato sicuro mandare un essere umano nello spazio.

3. Non c'è suono nello spazio.

Per capire perché lo spazio è silenzioso, dobbiamo prima capire come funziona il suono. Quando parli o fai un rumore, il suono vibra tramite le molecole che ti circondano. Ma poiché lo spazio è un vuoto, non ci sono molecole attraverso cui le onde sonore possano vibrare. Quindi, tutti quei film nello spazio in cui ci sono forti esplosioni e rumori di raggi laser rendono il film più emozionante, ma non sono

veritieri. Anche la più grande esplosione non farebbe alcun rumore nel vuoto dello spazio.

4. Urano ruota su un lato.

Urano è il settimo pianeta dal sole. È molto freddo e ventoso e ha un'insolita rotazione. Mentre la maggior parte dei pianeti ruota in senso antiorario, Urano lo fa su un lato, con l'asse di rotazione inclinato quasi ad angolo retto rispetto a quello di tutti gli altri pianeti del Sistema Solare. Un giorno su questo pianeta dura circa 17 ore e di solito compie un'orbita completa intorno al sole in 84 anni terrestri. È un anno molto lungo per chiunque possa vivere su Urano! A causa del suo strano modo di ruotare, alcuni scienziati ipotizzano che una volta qualcosa di massiccio abbia urtato Urano inclinandolo su un fianco. Non è stato dimostrato se questo sia vero o meno, ma non è interessante pensare che qualcosa di grande nello spazio potrebbe far cambiare la rotazione di un intero pianeta?

5. Un milione di pianeti Terra potrebbero entrare nel sole.

Riesci a immaginare un milione di pianeti Terra? Il nostro pianeta è già enorme! Ci vorrebbero più di 8.000 ore per fare il giro intorno alla Terra, quindi immagina quanto tempo ci vorrebbe per fare il giro attorno a un milione di esse! Ecco quanto è grande il sole. A guardarlo, il sole non sembra così grande, ma in realtà è il corpo più grande nel nostro sistema solare. Accanto al sole, la Terra non sembra che un piccolo puntino. È davvero gigante!

6. Giove è il pianeta del sistema solare che ruota più velocemente.

Un giorno su Giove dura solo 10 ore: non c'è tempo per fare molto! Se vivessi su Giove, dormiresti per la maggior parte del giorno, magari mangeresti qualcosina e poi sarebbe già ora di tornare a letto! Meglio evitare i piani di vivere su Giove. Non avremmo mai tempo di guardare film o uscire con gli amici, ma almeno la giornata scolastica sarebbero breve! Si ipotizza che un tempo Giove girasse più

velocemente di quanto non faccia ora, ma qualcosa l'ha rallentato. Ciò nonostante, rimane il pianeta più veloce del nostro sistema solare... senza dubbi vincerebbe qualsiasi gara contro gli altri pianeti.

7. Ci sono tracce di pneumatici sulla luna.

Le tracce di pneumatici nel fango o sullo sterrato di solito vengono spazzate via o cancellate dalla pioggia. Tuttavia, sulla luna non c'è alcun evento atmosferico! Né vento né pioggia che possano lavare via le tracce di pneumatici fatte da un rover lunare utilizzato dagli astronauti durante delle missioni lunari molto tempo fa! Ancora oggi, continuiamo a lasciare tracce di pneumatici e impronte sulla superficie della luna. Se guardi il cielo notturno e strizzi gli occhi, magari riesci a vederle!

8. Il nome a Plutone l'ha dato una bambina di 11 anni.

Alla tenera età di 11 anni, negli anni '30, una bambina di nome Venetia lesse un articolo di giornale riguardante un pianeta appena scoperto! Aveva da poco fatto un progetto sui pianeti e stava pensando ai loro diversi nomi, che prendevano tutti spunto da divinità romane della mitologia. Quella mattina, a colazione, aveva semplicemente suggerito il nome "Plutone" e la sua famiglia aveva concordato sul fatto che fosse un bel nome. Il nonno raccontò a un suo amico dell'Università di Oxford del suggerimento della nipote, e il pianeta nano venne battezzato Plutone! Hai qualche idea carina sui nomi dei pianeti? Perché non condividere le tue idee? Non si sa mai chi potrebbe sentirle!

9. Il vulcano più alto noto all'uomo è su Marte.

Sapevi che su Marte ci sono dei vulcani? Abbiamo davvero tanto da imparare sul nostro vicino rosso, incluso il fatto che ospita il più grande vul-

cano noto all'uomo. Sulla Terra, il vulcano di maggiori dimensioni è il Mauna Loa nelle Hawaii, ma quello su Marte, chiamato Olympus Mons, è cento volte più grande! Anzi, l'intero territorio delle Hawaii potrebbe facilmente entrare all'interno dell'Olympus Mons! Speriamo che non erutti a breve.

10. Le tempeste su Nettuno sono abbastanza grandi da inghiottire l'intera Terra.

Nettuno è l'ottavo pianeta dal sole e di gran lunga il più ventoso. La sua superficie è fatta di ghiaccio e acqua con enormi tempeste che sono abbastanza grandi da inghiottire l'intera Terra! I venti su Nettuno arrivano a circa 2.500 km orari; una velocità molto più elevata di quella a cui potrebbe viaggiare qualsiasi aereo. A 2.500 km orari, ti strapazzerebbe per l'intero pianeta! Speriamo che non ci sia mai una tempesta del genere qui sulla Terra.

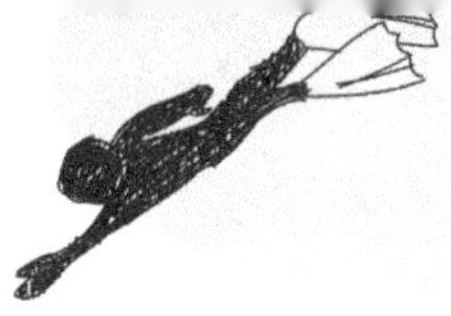

1. Sulla luna si è giocato a golf.

Alcuni sostengono che il golf sia noioso, ma una curiosità che lo rende più figo è che è il primo sport a essere stato giocato sulla luna! Nessun altro sport può dire altrettanto, non il calcio, né tantomeno il basket. Nel 1971 l'astronauta Alan Shepard portò una mazza da golf con sé nello spazio. Riuscì a colpire due palline sulla superficie lunare e riferì che queste percorsero "miglia e miglia". In realtà, l'associazione di golf degli Stati Uniti afferma che le due palline percorsero solo 38 e 64 metri di distanza. Quelle palline da golf probabilmente sono ancora sulla luna! Quale pensi sarà il prossimo sport che verrà praticato sulla luna?

2. Gli atleti di atletica leggera riescono a fare più record alla fine della giornata, quando le loro temperature corporee sono al massimo.

C'è qualcosa nei nostri corpi chiamato ritmo circadiano. È un orologio interno che decide i nostri stati d'animo, quando mangiamo e quando ci stanchiamo. Il tuo ritmo circadiano potrebbe renderti una persona mattutina, oppure una a cui piace fare uno spuntino notturno, o che ha maggiore energia alla sera. Questo è ciò che succede agli atleti! Alcuni studi suggeriscono che il ritmo circadiano può determinare quando un atleta è al suo picco massimo di prestazioni. Di sera, alcuni ormoni, ossia sostanze chimiche all'interno del corpo, possono influenzare la forza muscolare e la velocità di reazione: si pensa infatti che il picco di rendimento di un atleta sia a tarda sera, ma non troppo tardi! Di notte e al mattino presto è più probabile che si verifichi un infortunio. Provalo tu stesso e scopri se dai il tuo massimo nello sport durante il mattino o alla sera!

3. Il giocatore di baseball che predisse il futuro.

Nel 1963 Gaylord Perry, giocatore di baseball statunitense, disse: "Metteranno un uomo sulla luna prima che io faccia un fuoricampo". In qualche modo, aveva previsto il futuro! Infatti accadde proprio quello che aveva detto. La NASA mandò un uomo sulla luna prima che lui segnasse il suo primo fuoricampo. Trascorsi sei anni dalla sua dichiarazione, poche ore dopo che Neil Armstrong ebbe messo piede sulla luna, Perry realizzò finalmente il primo e unico fuoricampo della sua vita. Che coincidenza! Aveva ragione fin dall'inizio: fece un fuoricampo solo dopo che la NASA mise un uomo sulla luna.

4. Babe Ruth a volte indossava una foglia di cavolo sotto il berretto per rinfrescarsi.

Nei primi anni del 1900, le uniformi da baseball erano fatte di lana. Hai mai indossato una giacca di lana in una calda giornata estiva? Se è così, sai quanto caldo si può sentire. Babe Ruth, il famoso

giocatore di baseball, doveva indossare un'uniforme di lana! Per rinfrescarsi durante le partite, metteva delle foglie di cavolo in una ghiacciaia, poi le infilava sotto il cappello cambiandole ogni due inning. A dire il vero, aveva bisogno di due foglie di cavolo contemporaneamente a causa della sua grande testa!

5. Ci sono da 300 a 500 cavità su una pallina da golf.

Il numero di cavità su una pallina da golf differisce in base al produttore, ma in genere sono tra 300 e 500. Ti sei mai chiesto perché? Perché creano una turbolenza, ossia un flusso d'aria irregolare che crea forti fluttuazioni. In questo modo, quando vengono colpite, le palline vanno più in alto e più lontano! Le palline da golf usano la stessa fisica per volare degli aerei. E, come per molte grandi invenzioni, fu una scoperta casuale. I primi golfisti si accorsero che le palline con una superficie irregolare volavano a una distanza maggiore e andavano più in alto rispetto alle palline lisce. Così, iniziarono a fare delle piccole ammaccature nelle palline, e presto le cavità divennero lo standard.

6. Un tempo il tiro alla fune era uno sport olimpico.

Dal 1900 al 1920, il tiro alla fune ha fatto parte dei Giochi Olimpici. Scommetto che ti è capitato di giocare al tiro alla fune a scuola o con un animale domestico, ma lo sapevi che questo sport risale probabilmente intorno al 500 a.C. all'epoca delle antiche Olimpiadi? In genere, vedeva contrapposte due squadre di otto persone che si sfidavano a tirare una grande corda in una gara di forza. La squadra più forte vinceva la medaglia d'oro! Quindi, la prossima volta che fai il tiro alla fune nel parco giochi della scuola, ricorda che stai praticando un antico sport che un tempo era incluso nei Giochi Olimpici!

7. I mancini sono più bravi negli sport.

Nonostante solo il 10% della popolazione mondiale sia mancino, la maggior parte degli atleti lo sono! In natura, gli animali la cui parte sinistra prevale sulla destra hanno un vantaggio contro i predatori. Le lumache di mare sono inclinate a sinistra e sono più protette dai granchi pelosi che hanno la

chela destra più grande di quella sinistra. Si pensa che, poiché la maggior parte delle creature preferisce la destra, tutto ciò che preferisce la sinistra ha un elemento di sorpresa. Quindi, quando si tratta di sport, un lanciatore che usa la mano sinistra può sorprendere i suoi avversari con il suo modo insolito di lanciare. Lo stesso vale per sport come la boxe! Un atleta mancino coglierà di sorpresa il suo avversario perché è molto probabile che istintivamente l'avversario si aspetti che i pugni provengano da destra. Essere mancini è una figata!

8. Le persone con gli occhi marroni hanno una mira migliore e maggior reattività di quelle con gli occhi azzurri.

L'altezza dà all'atleta un vantaggio nel basket, mentre la velocità e la forza lo danno nel calcio. Ogni sport richiede alcune abilità specifiche ai suoi giocatori, ma lo sapevi che anche il colore degli occhi può avere un'influenza? È vero! Uno studio scientifico condotto presso l'Università della Louisiana suggerisce che le persone con gli occhi marroni reagiscono più rapidamente rispetto alle persone con gli occhi

azzurri. Tuttavia, questo vale solo per gli sport veloci e reattivi come la boxe o il colpire una palla. Altri sport come il lancio di una palla da baseball o il bowling sono considerati sport in cui uno decide il proprio passo, ovvero procede alla propria velocità. In questi tipi di sport, le persone con gli occhi azzurri hanno ottenuto un punteggio significativamente maggiore rispetto alle persone con gli occhi marroni. Perché questa differenza? In realtà, non ne siamo sicuri. Provaci e vedi in che tipo di sport sei migliore e se ha a che vedere con il tuo colore degli occhi!

9. In Thailandia, l'aquilonismo è uno sport professionale.

Hai mai fatto volare un aquilone? È un passatempo così semplice che alcuni non lo considerano nemmeno uno sport. Ma lo sapevi che in Thailandia far volare gli aquiloni è uno degli sport più amati e importanti? È vero! In primavera, in Thailandia, è possibile vedere ogni sorta di aquiloni fluttuare sopra la propria testa. Ci sono anche aquiloni che emettono dei suoni rilassanti e piacevoli. Tuttavia, questo sport non è sempre così tranquillo. Per com-

petere in una gara di aquiloni, ci devono essere due squadre. In Thailandia, di solito si chiamano *pakpao* e *chula*. Per vincere, una squadra deve far cadere l'aquilone dell'altra. È come una lotta tra aquiloni! Magari, la prossima volta che fai volare un aquilone, chiedi a un amico di gareggiare!

10. La prima maratona della storia è stata vinta da uno chef.

Affrontare una maratona deve essere difficile. Devi correre molto velocemente e per lunghe distanze. Quindi, è naturale che sia un atleta a competere e vincere questo tipo di sport, giusto? Tuttavia, la prima maratona in assoluto fu vinta da un normale cittadino, un uomo di nome Koroibos, a volte scritto come Coroebus. Ed era semplicemente uno chef! Ti ho già detto che è successo nell'anno 776 a.C.? Forse gli standard per le competizioni erano meno impegnativi all'epoca; era solo una gara di 180 metri, dopotutto. Se potessimo partecipare ancora a gare come quella, forse saremmo tutti medaglie d'oro olimpiche! La storia di Coroebus mostra che non devi essere un atleta per realizzare grandi cose. Fece semplicemente

del suo meglio e, di conseguenza, è passato alla storia come il primo vincitore di una maratona. Quindi, sii come Coroebus e *provaci*; non sai mai cosa potrà succedere!

1. La Russia si trova a soli circa 3 km dall'Alaska.

Due dei più grandi Paesi del mondo sono separati solo da circa 3 km. Si tratta della Siberia e degli Stati Uniti. La Russia, o Siberia come vengono chiamate certe parti del Paese, è la nazione più grande al mondo. Gli Stati Uniti sono al quarto posto in termini di grandezza. Ricorda che anche se l'Alaska non si trova vicino al resto degli stati, fa comunque parte degli Stati Uniti, proprio come le piccole isole al largo della costa. A soli 40 km dalla riva dell'Alaska c'è un'isola chiamata Little Diomede e a circa 3,8 km di distanza da questa c'è un'altra isola chiamata Big Diomede, che è considerata parte della Russia. Poiché queste due isole sono separate da soli 3,8 km, si ritiene che la Russia e l'Alaska siano tecnicamente a circa 3 km di distanza l'una dall'altra. Tuttavia, il viaggio dall'Alaska alla Russia non è breve. Nonostante la poca distanza, ci vogliono 21 ore per viaggiare da un'isola all'altra! A volte, queste isole sono chiamate

Isola di Ieri e Isola di Domani. Forse stai pensando: "Non ha senso! Sono a sole due ore di distanza l'una dall'altra!". Ma è vero! L'orario dell'isola Big Diomede (Isola di ieri) è 21 ore avanti rispetto a quello della Little Diomede. Quest'ultima ha lo stesso fuso orario dell'Alaska, mentre la Big Diomede è nello stesso fuso orario della Russia, che è 12 ore avanti. I fusi orari possono confonderci a volte!

2. Le Hawaii si stanno avvicinando all'Alaska di 7,5 cm ogni anno.

Lo sapevi che sotto i tuoi piedi ci sono placche giganti che sono costantemente in movimento? Si tratta di pezzi piuttosto giganti della crosta terrestre! Si chiamano placche tettoniche e fanno parte del fondo dell'oceano e dei continenti. Queste placche si muovono costantemente in direzioni diverse, ma quando si scontrano, la pressione si accumula tra i loro confini e provoca quello che conosciamo come un terremoto! Poiché queste placche sono sempre in movimento, ciò significa che anche Paesi, continenti e Stati lo sono. Le Hawaii si trovano su quella che viene chiamata la Placca Pacifica, che si sta len-

tamente spostando a nord-ovest verso l'Alaska. Queste placche tettoniche si muovono alla stessa velocità con cui crescono le nostre unghie. Quindi, quando le tue unghie crescono, puoi tranquillamente dire che anche le Hawaii si sono avvicinate un po' di più all'Alaska. Forse tra mille anni andremo a piedi dalle Hawaii all'Alaska!

3. Il vulcano Kilauea è il vulcano più attivo del mondo.

Ecco un'altra curiosità sulle Hawaii: ospitano il vulcano più attivo del mondo, il Monte Kilauea. Kilauea in realtà significa "nuvola di fumo che sale" in hawaiano! In passato, la parte bassa del vulcano era piena di lava ed eruttando più volte ha creato quello che è noto come il Cratere Halema'uma'u, il più attivo per il calore e la lava al suo interno. La leggenda narra che Halema'uma'u è la casa di Pele, la dea hawaiana del fuoco. Deve essere piuttosto occupata perché il Monte Kilauea erutta abbastanza spesso! Tuttavia, non è il tipo di eruzione che si vede in televisione. Non c'è magma caldo che scorre lungo le pendici della montagna, anche se sarebbe piuttosto bello da

vedere (ma non molto essere lì accanto!). Invece, le eruzioni fluiscono nel Halema'uma'u e creano un lago di lava all'interno del cratere. Nel 1955, tuttavia, il vulcano eruttò, accompagnato da diversi terremoti e la lava si riversò dai lati della montagna e distrusse quasi 10 km quadrati di terreni agricoli. Speriamo di non essere in vacanza alle Hawaii quando il Kilauea esploderà!

4. Nelle Filippine c'è un'isola all'interno di un lago, su un'isola che è all'interno di un lago... su un'isola.

Sembra uno scioglilingua. Leggilo a voce alta. C'è un'isola all'interno di un lago, su un'isola che è all'interno di un lago... su un'isola. Ha senso? Com'è possibile? Stranamente, è vero! Il lago Taal si trova su un'isola chiamata Luzon nelle Filippine settentrionali. Quindi, quello è un lago su un'isola. Ora, nel mezzo del lago Taal, c'è una piccola isola chiamata Isola del Vulcano, e sull'Isola del Vulcano c'è un lago chiamato Lago Crater, che ha anche un'isola al centro chiamata Punta Vulcaniana. Mettiamo le cose in chiaro: c'è un

lago su un'isola, e il lago ha un'isola che anch'essa ha un lago, che anch'esso ha un'isola. Chiaro? Questo fenomeno è accaduto anche in Canada, dove c'è un lago su un'isola e isole su quei laghi. Direi che è un po' difficile da capire.

5. L'Antartide è un deserto.

Cosa rende un deserto un deserto? Un deserto ha sabbia e cactus? È asciutto con pochissima pioggia? Faresti bene a pensare a un deserto come a una terra desolata e sterile caratterizzata da colline sabbiose perché è così che è la maggior parte dei deserti! Tuttavia, anche l'Antartide si qualifica come un deserto. Anzi, è il più grande deserto del mondo! Un deserto è definito come un'area con pochissima pioggia e neve, senza acqua liquida sul terreno e con una quantità molto bassa di piante e animali. Potresti pensare: "Ma l'Antartide è gelata! Ci deve essere dell'acqua per avere tutti quei ghiacciai!". E avresti ragione! L'Antartide ha molta acqua, ma è sotto forma di ghiaccio che non si scioglie mai, nemmeno in estate. E non c'è vapore acqueo o umidità nell'a-

ria poiché il freddo congela tutto. È in realtà il continente più arido del mondo! Lo sapevi che un deserto può essere freddo? E un deserto freddo è pericoloso quanto uno caldo. Quindi, chiunque visiti l'Antartide sta tecnicamente visitando un deserto! Questo rende i pinguini animali del deserto? Direi di sì!

6. Il Parco Nazionale di Yellowstone ha un supervulcano.

C'i sono i vulcani, e poi ci sono i supervulcani. Cosa rende un vulcano super? Tutto dipende da questa cosa meravigliosa chiamata Indice di Esplosività del Vulcano, che è un indicatore piuttosto interessante. L'Indice di Esplosività del Vulcano valuta le dimensioni e il pericolo di eruzioni e se un vulcano erutta raggiungendo il livello 8, allora è classificato come un supervulcano. Quindi, in poche parole, sono solo dei vulcani molto grandi che possono eruttare un sacco di lava. Sembra piuttosto pericoloso, ma in realtà c'è un supervulcano in uno dei parchi nazionali più visitati degli Stati Uniti! Il Parco Nazionale di Yellowstone ospita Caldera, un gigantesco vulcano che si estende su due stati ed è grande quanto lo Stato

di Rhode Island. La lava alimenta i geyser e le sorgenti termali di Yellowstone, rendendo tutto caldo e fumante nel Parco Nazionale. Sebbene Caldera sia un vulcano attivo, gli scienziati non pensano che erutterà presto, quindi puoi tranquillamente fare una vacanza lì in futuro!

7. Il Kentucky ha più grotte che qualsiasi altra regione al mondo.

S'apevi che il Kentucky detiene il record mondiale per avere il più lungo sistema di grotte conosciuto dall'uomo? Sotto i piedi dei suoi cittadini, c'è un labirinto chiamato Grotte dei Mammut, di cui sono stati esplorati circa 640 km, ma il sistema dei parchi nazionali stima che siano in realtà circa 965 km, quindi molti chilometri sono ancora oggi inesplorati! Alcuni sostengono che sulla Terra sia già stato scoperto tutto, ma questo ovviamente non vale per la Grotta dei Mammut. Ti andrebbe di esplorare il resto? Portati una torcia, può essere molto buio là dentro! In effetti, c'è una razza di pesci che si è talmente abituata al buio da non avere più occhi. Esatto, esiste un pesce chiamato *Pesce senza occhi delle*

caverne che è cieco! Quindi, non far mai guidare loro un'auto. La Grotta del Mammuth viene spesso vista come una capsula del tempo perché conserva circa 5.000 anni di storia umana! Riesci a immaginare di camminare attraverso lo stesso sistema di grotte che i primi uomini usavano tanto tempo fa?

8. Può nevicare nel deserto del Sahara.

Il deserto del Sahara è davvero caldo e, come sai, nei luoghi caldi di solito non nevica. Inoltre, come abbiamo appreso in merito all'Antartide, sappiamo che nel deserto non c'è umidità, nemmeno nell'aria. La neve ha bisogno di umidità e basse temperature per formarsi, quindi come potrebbe mai nevicare in uno dei luoghi più caldi della Terra? È sicuramente strano da vedere, ma non è impossibile. I deserti in realtà diventano molto freddi di notte, raggiungendo temperature intorno ai -15 °C. Il deserto è circondato da oceani, mari e montagne. L'umidità proveniente da queste sorgenti di acqua si congela nell'aria se fa abbastanza freddo, per poi cadere sui bordi del deserto. Di notte, quando la sabbia è fredda, la neve può effettivamente rimanere a terra per un po'. Quindi, se visiti

le zone montuose del deserto del Sahara, potresti trovare la neve sulla sabbia rossa!

9. Il nome completo di Bangkok è composto da 163 lettere.

Bangkok è la capitale della Thailandia, conosciuta per la sua frenetica vita di strada e i tanti templi antichi. Ma quello che molti potrebbero non sapere è che Bangkok non è il vero nome della città, ma solo il soprannome! Hai un soprannome? Proprio come la capitale della Thailandia. Vuoi sapere il vero nome di Bangkok? È *Krung Thep Mahanakhon Amon Rattanakosin Mahinthara Yuthaya Mahadilok Phop Noppharat Ratchathani Burirom Udomratchaniwet Mahasathan Amon Piman Awatan Sathit Sakkathattiya Witsanukam Prasit.* Prova a leggerlo ad alta voce! Se visiti la Thailandia, puoi impressionare la gente del posto dicendo loro che conosci il vero nome della loro capitale.

10. La Fossa delle Marianne è il punto più profondo della Terra.

Sapevi che il posto più buio e profondo del mondo è sotto l'Oceano Pacifico? Si chiama Fossa delle Marianne ed è profondo quasi 11 mila metri. Se il Monte Everest si trovasse sul fondo della Fossa delle Marianne, la vetta della montagna sarebbe ancora a 2.000 metri sotto il livello del mare. Questa sì che è profondità! Solo due persone nella storia hanno raggiunto il fondo della Fossa delle Marianne, ed erano Jacques Piccard e il tenente della Marina Don Walsh. Cinquant'anni fa, questi due uomini salirono su un sottomarino della Marina degli Stati Uniti e si diressero verso il fondo della parte più profonda della fossa. Ma siccome era così scuro e torbido, non poterono scattare foto! Riferirono di *aver visto* un pesce piatto nuotare intorno al loro sottomarino. Tuttavia, gli scienziati sanno ancora molto poco di ciò che esiste nelle profondità di quel mondo straordinario. Se si nuota fino al fondo dell'oceano, la pressione dell'acqua e dell'atmosfera aumenta fino a raggiungere condizioni insopportabili. Ecco perché abbiamo bisogno di strumenti speciali per esplorare il fondo dell'oceano! Alcuni scienziati ritengono che neppure gli animali potrebbe sopravvivere sul fondo

dell'oceano a causa della pressione. Altri non ne sono così sicuri. Potrebbero esserci pesci inesplorati che vivono nella Fossa delle Marianne! Inoltre, la fossa presenta diversi strani vulcani sottomarini. Sapevi che ci possono essere vulcani sott'acqua? Eruttano liquido caldo a circa 102 °C e hanno persino pozze di zolfo fuso, qualcosa che non si vede in nessun'altra parte del pianeta. Ti piacerebbe esplorare la fossa un giorno? Magari puoi costruire un sottomarino ed essere la prossima persona a raggiungere il fondo!

1. Un tempo usare le forchette era considerato offensivo.

Le forchette fanno parte della nostra vita quotidiana, quindi non sono qualcosa a cui pensiamo granché. Ma, nell'Italia dell'XI secolo, le forchette erano considerate scandalose e sacrileghe, ovvero offensive per la cultura, gli dei e la tradizione. Le prime forchette non erano come quelle che abbiamo oggi. Avevano solo due denti e un manico grezzo. Inoltre, erano incredibilmente costose. Di conseguenza, non tutte le famiglie potevano permettersele; infatti, la maggior parte delle persone mangiava con le mani. Ma alcuni non le volevano nemmeno! Nell'XI secolo, la Chiesa sostenne che Dio creò gli esseri umani con le dita affinché potessero toccare e mangiare cibo; quindi, l'uso di una forchetta era visto come offensivo. Per circa cento anni, molta gente era scioccata dall'uso delle forchette a tavola, ma le famiglie della classe alta iniziarono gradualmente a utilizzarle nonostante la disapprovazione della Chiesa. Si

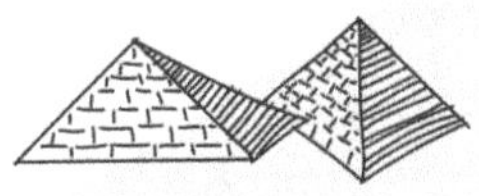

dice che i nobili usassero le forchette per duellare, ma questo non è stato provato. Quando cenerai stasera, pensa alla lunga e curiosa storia della forchetta.

2. Un tempo il ketchup veniva venduto come medicinale.

Mangeresti il ketchup per i suoi benefici per la salute? Probabilmente no! Ma nel diciannovesimo secolo era esattamente quello che faceva la gente. Il ketchup nel 1800 era molto diverso da come lo conosciamo oggi. Infatti, era fatto con pesce o funghi. Nel 1834, il dottor John Cooke Bennet aggiunse i pomodori a una miscela di ketchup, rendendolo più vicino alla salsa che conosciamo oggi. Il dottore sosteneva che il suo ketchup potesse curare il mal di stomaco, così come altre gravi condizioni mediche. Assunse persino una persona per produrre la sua ricetta di ketchup in pillole! Naturalmente, il ketchup non poteva guarire nessuna malattia, così nel 1850 l'industria della medicina basata sul ketchup crollò.

La morale della storia è: il ketchup non è molto utile come medicina, ma è fantastico sulle patatine fritte!

3. La guerra più breve della storia è durata 40 minuti.

Il 27 agosto 1896, cinque navi della Royal Navy britannica attaccarono il palazzo reale di Zanzibar. Lo fecero perché dopo la morte del sultano, o re di Zanzibar, era salito al potere il nipote. Gli inglesi lo ritenevano troppo indipendente e temevano per il loro controllo sul Paese. Salparono verso Zanzibar e diedero al nuovo Sultano la possibilità di scegliere: poteva arrendersi o essere attaccato. Dopo un'ora di attesa, il nuovo Sultano non aveva ancora preso una decisione, così la Royal Navy britannica iniziò ad attaccare! Il palazzo fu distrutto e il Sultano fuggì. Dopo 40 minuti di guerra, fu innalzata una bandiera bianca e Zanzibar si arrese alla Royal Navy britannica. Questa è stata la guerra più breve della storia, spesso chiamata Guerra Anglo-Zanzibar del 1896. Non sarebbe bello se tutte le guerre fossero così brevi?

4. Thomas Edison non ha inventato la lampadina.

Thomas Edison è solitamente considerato l'uomo che ha inventato la lampadina, ma è davvero così? No! Egli *contribuì* alla creazione della lampadina, ma furono diversi gli inventori, ingegneri e scienziati che si occuparono degli usi pratici dell'elettricità. Nel 1800, un inventore italiano di nome Alessandro Volta sviluppò un modo per generare elettricità con un'invenzione fatta di cartone, acqua salata, rame e zinco. Quell'invenzione è considerata più una batteria, ma era anche in grado di produrre illuminazione! Non molto tempo dopo che Volta presentò la sua invenzione al mondo, altri inventori iniziarono a sperimentare con l'elettricità. Un uomo di nome Humphrey Davy inventò la prima lampadina elettrica del mondo! Tale lampadina brillava proprio come quelle che conosciamo oggi. lampada elettrica al mondo che era simile alle lampadine che conosciamo oggi,purtroppo, però, si bruciava rapidamente e non poteva essere utilizzata nelle case. Fu il chimico inglese Joseph Swan a creare finalmente una lampadina che funzionasse in modo efficace. Tutto ciò che Thomas Edison fece fu regolare una parte della lampadina per farla funzionare meglio in modo

che potesse essere utilizzata all'interno delle case. Joseph Swan accettò i cambiamenti di Edison e creò una società di lampadine, che Edison citò poi in giudizio per violazione di brevetto: un brevetto dimostra legalmente che hai inventato qualcosa, mentre una violazione è l'atto di rubare l'idea di un'altra persona. Alla fine, i due uomini misero da parte le loro divergenze e si unirono per creare un'azienda con il nome di entrambi.

5. Un tempo gli ananas erano uno status symbol.

È facile capire quando qualcuno ha uno status elevato. Magari indossa abiti eleganti, ha una casa grande o guida un'auto costosa. Questo era lo stesso per gli inglesi del 1700, che però mostravano il loro status con qualcosa che non ci aspetteremmo: l'ananas! Questo grosso frutto veniva messo in tavola nella speranza di impressionare gli ospiti. La gente portava gli ananas sotto le braccia come borse e assumeva guardie del corpo per assicurarsi che nessuno li rubasse. Nessuno mangiava quegli ananas, perché erano troppo costosi e troppo preziosi. Piuttosto,

la gente li portava alle feste e agli eventi finché non marcivano. Era persino possibile noleggiare un ananas per una festa! Nel 1770, la frase "Un ananas del miglior sapore" veniva utilizzata per descrivere qualcosa che era il meglio del meglio. Ma perché tanto clamore per un frutto? Perché l'ananas era sconosciuto agli inglesi, che potevano assegnare un significato al frutto, cosa che in effetti fecero. Inoltre era piuttosto costoso farlo importare in Inghilterra dai paesi d'origine, quindi solo i ricchi potevano acquistarne o affittarne uno. Ti immagini ad affittare un frutto? O portarne uno in giro con te per farlo vedere ai tuoi amici? Io preferirei mangiarlo e basta!

6. Paul Revere non ha mai gridato: "Gli inglesi stanno arrivando!".

Forse conosci la storia di Paul Revere, che pare abbia attraversato a cavallo le città di Concord e Lexington gridando: "Gli inglesi stanno arrivando!". Ma quella storia non è affatto vera! Paul Revere in realtà non passò mai urlando per le strade di Concord; non ci è mai nemmeno arrivato a Concord. Piuttosto, cavalcò con altri due uomini e solo uno di loro riuscì

ad arrivare a Concord per avvisare il popolo dell'imminente invasione britannica. E non lo fece neppure urlando: al contrario, avvertì tranquillamente le città del fatto che le truppe britanniche si stavano nascondendo nelle campagne. Anche la frase: "Gli inglesi stanno arrivando" è un falso, perché la gente di quei tempi si considerava ancora inglese. Quello che disse tranquillamente ai cittadini fu: "I regolari stanno arrivando", che era un termine che usavano per descrivere i soldati britannici. Mi raccomando, racconta ai tuoi amici e insegnanti la vera storia di Paul Revere!

7. Gli antichi egizi usavano le pietre come cuscini.

Ti piace avere un cuscino? La maggior parte delle persone apprezza molto la comodità del proprio cuscino, un oggetto che gli uomini usano da circa 2.000 anni. Gli antichi egizi usavano invece un poggiatesta fatto di pietra, con una sezione scolpita su cui poggiare la testa. Pare li usassero perché i loro letti erano vicini al suolo e temevano che gli insetti gli entrassero nelle orecchie. Bleah! Il poggiatesta

copriva loro le orecchie impedendo che ciò accadesse. Forse non era una cattiva idea, dopotutto.

8. Una volta Napoleone fu attaccato da un gruppo di conigli.

Noi tutti tendiamo a pensare a Napoleone Bonaparte come a un temuto generale militare; tuttavia, la sua battaglia più dura ebbe luogo in una tranquilla giornata di caccia. Uno degli uomini di Napoleone organizzò la caccia comprando più di 3.000 conigli dai contadini locali. Voleva impressionare Napoleone e ottenere le sue grazie. Ma, non appena le gabbie furono aperte, i conigli corsero verso Napoleone e i suoi uomini. Colui che aveva organizzato la caccia, aveva comprato conigli che non avevano paura degli umani! Pensavano che Napoleone avrebbe dato loro da mangiare, così si avventarono sui cacciatori proprio come Napoleone attaccava i suoi nemici in guerra! Gli uomini caddero a terra urlando! Cosa ci insegna questa storia? Mai sottovalutare un coniglio affamato!

9. George Washington non aveva denti di legno.

Hai mai sentito dire che il primo presidente degli Stati Uniti avesse denti di legno? Sebbene sia vero che aveva delle protesi, cioè dei denti finti, queste non erano di legno! Quando George Washington divenne presidente, gli rimaneva solo un dente! A quanto pare, aveva un pessimo dentista. Si dice che il mito dei denti di legno sia nato perché l'avorio e la zanna di cui erano fatti i suoi denti si screpolavano, creando piccole linee. E poiché a George piaceva bere vino rosso, i suoi denti alla fine divennero marroni e rossicci. Così, a causa delle crepe, sembravano quasi di legno.

10. Un tempo i tacchini erano venerati.

Il tacchino, in America, fa pensare sempre al Giorno del Ringraziamento, durante il quale l'uccello viene consumato con un ripieno delizioso. Ma l'animale non è sempre stato visto come una prelibatezza: intorno al 300 a.C., i Maya consideravano i tacchini messaggeri degli dèi. Gli animali prendevano

parte a cerimonie religiose e venivano considerati simboli del potere. Questo a causa della loro maestosità e delle belle piume colorate. Ora, adoriamo il tacchino in modo molto diverso: con forchette e coltelli! Buonissimo!

Conclusioni

Hai visto quanto può essere divertente ed emozionante l'apprendimento? Hai imparato a conoscere meglio gli animali, la natura, la scienza, il nostro corpo, lo spazio, lo sport e la storia del mondo! Quali sono i tuoi fatti preferiti? Ti è piaciuto scoprire nuove invenzioni e il futuro della tecnologia? O ti sei appassionato di più alla sezione sport? Non è stato interessante apprendere ciò che può fare il nostro corpo? O conoscere di più sulla geografia del mondo?

Racconta ai tuoi amici e familiari i fatti che più ti hanno colpito; non tenere per te tutta questa meravigliosa conoscenza! Ci sono molte cose da imparare, quindi non smettere mai di cercare!

È ora di verificare quanto hai imparato! Pensi di ricordarti tutto quello che hai letto? Vediamo. Non tornare indietro e cercare le risposte, cerca di riflettere e di ricordarle da solo!

1. Qual è la sostanza più dura in natura?
    a. Acciaio
    b. Ossa
    c. Ferro
    d. Diamanti

2. Cosa vendeva Nintendo prima dei videogiochi?
    a. Cibo
    b. Figurine
    c. Bambole
    d. Telefoni

3. Come si chiamano gli arcobaleni che avvengono durante la notte?
    a. Arcobaleni lunari
    b. Arcobaleni scuri
    c. Arcobaleni notturni
    d. Arcobaleni neri

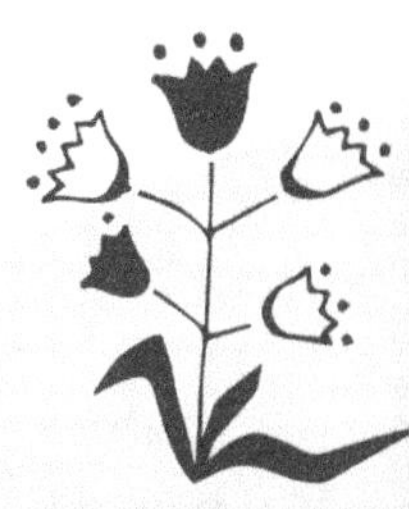

4. Quali sono le ossa note all'uomo che crescono più velocemente?

    a. Ossa umane

    b. Ossa di squalo

    c. Ossa di alligatore

    d. Corna di cervo

5. Qual è il parente vivente più vicino al T-Rex?

    a. Uomo

    b. Lucertola

    c. Pollo

    d. Piccione

6. Che colori riescono a vedere i cani?

    a. Rosso

    b. Turchese

    c. Arancione

    d. Nessuna delle precedenti

7. Qual è il nome del più grande robot del mondo?

    a. Tradinno

    b. Dragon

    c. Shrek

    d. Mary

8. Perché le nuvole sono bianche?

    a. Perché riflettono il sole

    b. Perché il loro colore è il bianco

    c. Perché sono dipinte in quel modo

    d. Nessuna delle precedenti

9. Quale di queste è una pianta carnivora?

    a. Violette

    b. Rose

    c. Pianta del cobra

    d. Pianta del serpente

10. Di che colore è l'ossigeno allo stato liquido o solido?

    a. Rosso

    b. Giallo

    c. Marrone

    d. Blu

11. Qual è il nome della pizza più grande del mondo?

    a. Ottavia

    b. Cleopatra

    c. Ottaviano

    d. Cesare

12. Chi è l'uomo più alto di sempre?

    a. Robert Wadlow

    b. Ben Affleck

    c. Sultano Kosen

    d. Richard Kiel

13. Quanti odori possono percepire i nostri nasi?

    a. Un milione

    b. Un centinaio

    c. Mille miliardi

    d. Un miliardo

14. Cos'è il cerume?

    a. Qualcosa di disgustoso

    b. Un tipo di sudore

    c. Un tipo di moccio

    d. Cera

15. Quante ossa hanno gli adulti umani?

    a. 302

    b. 200

    c. 206

    d. 207

16. Quali sono state le prime creature inviate nello spazio?

    a. Scimmie

    b. Coccinelle

    c. Umani

    d. Moscerini della frutta

17. Perché le tracce di pneumatici sulla luna non spariranno mai?

    a. Perché sono incollate lì

    b. Perché non c'è vento o pioggia che le cacelli

    c. Perché la superficie della luna è come cemento

    d. Nessuna delle precedenti

18. Quale pianeta ruota su un lato?

    a. Urano

    b. Nettuno

    c. Venere

    d. Giove

19. Di cosa erano fatte le prime uniformi da baseball?

    a. Plastica

    b. Cotone

    c. Lana

    d. Filato

20. Cosa indossava Babe Ruth sotto il berretto?

    a. Una foglia di cavolo

    b. Un asciugamano bagnato

    c. Un cerotto

    d. Nessuna delle precedenti

21. Cosa significa "Kilauea"?

    a. Nuvola di fumo che sale

    b. Grande vulcano

    c. Espansione

    d. Creatore di lava

22. Qual è il nome del sistema di grotte più grande del mondo?

    a. Kentucky

    b. Grotte di mammut

    c. Yellowstone

    d. Nessuna delle precedenti

23. Quanto è profonda la fossa delle Marianne?

    a. 11.000 metri

    b. 12.000 metri

    c. 15.000 metri

    d. 14.400 metri

24. Chi ha combattuto nella guerra più breve del mondo?

    a. La Royal Navy britannica e gli Stati Uniti

    b. Zanzibar e Spagna

    c. La Royal Navy britannica e la Spagna

    d. Zanzibar e la Royal Navy britannica

25. Cos'ha detto in realtà Paul Revere?

    a. Gli inglesi stanno arrivando!

    b. I regolari stanno arrivando!

    c. Scappate!

    d. Il nemico sta arrivando!

26. Di cosa sono fatti i denti di George Washington?

    a. Avorio e zanna

    b. Avorio e legno

    c. Legno e metallo

    d. Oro e zanna

27. Qual è stato uno sport olimpico?

    a. Il tiro alla fune

    b. Gare di abbuffate

    c. Hula hooping

    d. Canto

28. Quanto dista la Russia dall'Alaska?

    a. Circa 4 chilometri

    b. Circa 2 chilometri

    c. Circa 1 chilometr0

    d. Circa 3 chilometri

29. Qual è il vulcano più alto conosciuto dall'uomo?

    a. Il monte Kilauea

    b. Monte Olimpo

    c. Il supervulcano di Yellowstone

    d. Il Vesuvio

30. Quale sport è stato praticato sulla Luna?

    a. Il golf

    b. Il baseball

    c. Il tennis

    d. Atletica

Glossario

A.

Aggirare: ingannare qualcuno
Angolo: lo spazio in cui due linee o superfici si incontrano

C.

Capsula del tempo: qualcosa che conserva oggetti o ricordi della storia
Carnivoro: che si ciba esclusivamente o prevalentemente di carne
Cartilagine: tessuto flessibile che si trova all'interno del nostro corpo
Cavità: parte vuota di qualcosa, buco
Cerimonia: un'occasione o una procedura formale
Classe alta: qualcuno con molti privilegi e ricchezze
Contribuire: collaborare, dare un contributo
Coordinazione: lavorare insieme

D.

Decomporsi: scomporre, suddividere o marcire

Destinazione: un posto dove si va

Disidratazione: mancanza di acqua

DNA: un materiale presente in quasi tutte le cose viventi, portatore di informazioni genetiche

E.

Eccentrico: originale, stravagante

Eruzione: una grande esplosione

F.

Fenomeno: ogni fatto o evento suscettibile di osservazione diretta o indiretta, provocato o spontaneoFilamenti proteici: catene di proteine

Flusso d'aria: l'aria che circola

G.

Genoma: l'insieme completo dei geni o del materiale genetico in una cellula o in un organismo

Geyser: una sorgente termale dove l'acqua bolle e sale dal suolo

I.

Industria: In senso generico, l'attività umana diretta alla produzione di beni e serviziInfiammabile: la capacità di essere incendiato

Insolito: qualcosa che non è abituale o usuale

Invenzione: qualcosa che è stato creato

J.

Joystick: dispositivo che controlla lo spostamento di qualcosa sullo schermo

L.

Laparoscopia: un intervento chirurgico eseguito con l'ausilio di una videocamera

M.

Materiale genetico: il DNA contenuto nei cromosomi dentro la cellula

Memoria USB: una piccola chiavetta che entra in un computer e fornisce informazioni

Molecole: un gruppo di due o più atomi tenuti insieme con la forza noti come legami chimici

Mutazione: il fenomeno di variazione che si verifica nel genotipo di un individuoN.

Nobile: un uomo ricco di alta classe

Nutrienti: qualcosa che fornisce minerali essenziali e vitamine per la crescita

O.

Orbita: il percorso di qualcosa che ruota attorno a un oggetto più grande

Onde sonore: suono che viaggia nell'aria

P.

Polietilene tereftalato: una parte comune della plastica

Popolazione: la quantità di persone in un'area

Predatore: un animale che va a caccia di altri

Pressione: forza e peso continui posti su un oggetto

Prestazione: l'atto di fare qualcosa

Programma: un insieme di attività correlate o software su un computer

Programmatore: qualcuno che crea cose sul computer

R.

Regale: magnifico, imponente, grandiosoRiflettere: ripensare a qualcosa o vederne un'altra immagine riflessa

S.

Sacrilego: Offensivo, irriverente verso istituzioni sacreScanalatura: piccoli incavi creati sulla parte esterna di un oggetto

Scandaloso: qualcosa che provoca disagio o indignazione per essere offensivo

Sciogliere: disfare, scomparire

Senza glutine: un alimento o una dieta che non contiene glutine

Smalto: qualcosa che riveste l'esterno di un oggetto

Sorveglianza: guardare, controllare qualcosa

Sottovalutare: pensare che qualcosa sia più piccolo o più debole di quanto non sia in realtà

Souvenir: qualcosa che si compra come ricordo di un posto

Spettro: una banda di colori prodotta da diversi gradi di componenti luminosi

Srotolare: distendere ciò che è arrotolato

Strumento: un attrezzo o un oggetto musicale

Struttura: la disposizione di qualcosa

Supercomputer: un computer molto veloce e potente

T.

Tessuto connettivo: tessuto all'interno del nostro corpo

Tinta: una tonalità o varietà di colore

Traffico Internet: la quantità di persone e ciò che fanno su internet

U.

Umanoide: simile all'uomo

V.

Vapore acqueo: acqua allo stato gassoso

Vibrare: muoversi velocemente, oscillare

Virus: una malattia o un programma per computer che si diffonde come una malattia

Visione dicromatica: daltonismo parziale nell'occhio

Soluzioni:

1.	b	2.	d	3.	a	4.	d
5.	c	6.	d	7.	a	8.	a
9.	c	10.	d	11.	a	12.	a
13.	c	14.	b	15.	c	16.	d
17.	b	18.	a	19.	c	20.	a
21.	a	22.	b	23.	a	24.	d
25.	b	26.	a	27.	a	28.	d
29.	b	30.	a